Christine Dohler

Wir vom Jahrgang
1981

Kindheit und Jugend

Impressum

Bildnachweis:

Privatarchiv Christine Dohler: Umschlag, S. 5, 6, 8, 10 o., 11 (3), 12 u, 13, 14, 15, 16 (2), 17, 18, 19, 23, 24 o., 26, 27, 29, 31 l., 33 o., 35, 40, 43 o., 49, 54, 56 (2), 57 (2), 62 o., 63 (2); SPIEGEL-Verlag Rudolf Augstein GmbH + Co. KG, Cover von „Der Spiegel" Nr. 42/18. Oktober 1982: S. 7; Privatarchiv Christian Sester: S. 10 u., 12 o, 20, 28, 31 r., 32, 36, 48; picture-alliance /ms4/ ZUMA Press: S. 22; smilingsun.org/OOA Fonden: S. 25; Bauer Media KG, Cover von „Bravo" Nr. 1/1992: S. 39; (c) dpa Fotoreport: S. 9; picture alliance / ZB | Peer Grimm: S. 50; (c) dpa: s. 51; ullstein bild – Sylent-Press: S. 21; ullstein bild – Ritter: S. 24 u.; ullstein – dpa: S. 30, 44; ullstein bild – Schöning: S. 33 u.; ullstein bild – Klöckner: S. 34; ullstein bild – Peter Timm: S. 37; ullstein bild – Tele-Press: S. 41; ullstein bild – Günter Peters: S. 42; ullstein bild – Public Address: S. 43 u.; ullstein bild – United Archives: S. 45; ullstein bild – Rudolf Dietrich: S. 46; ullstein bild – Wodicka: S. 53; ullstein bild – Rex: S. 55; ullstein bild – Pietschmann: S. 59; ullstein bild – ddp: S. 60; ullstein bild – Ulrich Baumgarten: S. 61; ullstein bild – JOKER/Hartwig Lohmeyer: S. 62 o.

Wir danken allen Lizenzträgern für die freundliche Abdruckgenehmigung.
In Fällen, in denen es nicht gelang, Rechtsinhaber an Abbildungen zu ermitteln, bleiben Honoraransprüche gewahrt.

9. Auflage 2024
Alle Rechte vorbehalten, auch die des auszugsweisen Nachdrucks und der fotomechanischen Wiedergabe.
Gestaltung und Satz: r2 | Ravenstein, Verden
Druck: Druck- und Verlagshaus Thiele & Schwarz GmbH, Kassel
Buchbinderische Verarbeitung: Buchbinderei S. R. Büge, Celle
© Wartberg-Verlag GmbH
34281 Gudensberg-Gleichen • Im Wiesental 1
Telefon: 056 03/9 30 50 • www.wartberg-verlag.de
ISBN: 978-3-8313-3081-2

Liebe 81er!

Erinnert ihr euch noch an den Geschmack von Wassereis oder das Gefühl der ersten freihändigen Bergabfahrt mit dem Fahrrad? Kennt ihr noch den Klang der Eurovisionsmusik vor „Wetten, dass..?" oder den Spiritusgeruch der hektographierten Zettel aus der Grundschule? Auch wenn wir alle individuelle Persönlichkeiten sind, ist da etwas, was uns verbindet: Wir haben eine gemeinsame Zeitheimat.

Viele Zeitgeistbeobachter haben Labels herbeigeschrieben und versucht, allgemeine Merkmale einer Generation zu finden. Ob Generation X, Golf, oder @ – es ließe sich ein ganzer Almanach der Generationsbegriffe erstellen. Nach dem Magazin „Spiegel" standen die jugendlichen Deutschen der Neunziger für „obsessiven Individualismus, Vielfalt der Stile und schnellen Wechsel der Mode". Demnach waren wir mal lässig verschmuddelt, mal absichtslos elegant, durchschauten alles, aber wollten nichts tun – nur für uns.

Wenn wir 81er an unsere Jugend denken, schießt uns nicht allen gleich der Gedanke an eine bestimmte Generation in den Kopf. Doch da sind diese Erinnerungen und Erfahrungen, die wir teilen. Ob jemand 1981 oder 1971 geboren ist, kann in Details entscheidend sein: Die Katastrophe von Tschernobyl war für uns alle Zeitgeschichte, doch erlebten wir das Ereignis jeweils aus einer anderen Perspektive und Lebenssituation. Wir 81er waren 1986 noch im Kindergarten und haben davon nicht viel verstanden.

Liebe 81er, ich hoffe, ich kann bei euch einige Erinnerungen wecken.

Christine Dohler

Christine Dohler

„Ist alles so schön bunt hier"

Farbenrausch

„Ist alles so schön bunt hier!" – mit dieser Liedzeile sprach Nina Hagen unsere ersten Gedanken aus. Wir 81er sind in ein Zeitalter geboren, in dem die Erwachsenen farbenfrohe Kleidung mit wilden Mustern trugen. Gut, dass wir als Babys zunächst nur in Strampelanzüge gesteckt wurden. Das modisch eher problematische Zeitalter hätte uns sonst mit voller Wucht getroffen: Jacketts mit Schulterpolstern, Karottenhosen, Aerobic-Utensilien wie Stirn- und Armbänder, Turnschuhe mit Klettverschluss, Leggings, kerzengerade Leder-krawatten und Halbschuhe mit weißen Tennissocken. Dazu Solariumbräune.

Frisch aus dem Krankenhaus zu Hause angekommen, lagen wir gelassen auf der Wickelkommode und ließen uns von den psychedelisch gemusterten Vorhängen (Restbestand aus den 70ern) berauschen. Dazu lauschten wir den

4

Chronik

13. Mai 1981
Der Türke Mehmet Ali Agca schießt Johannes Paul II. während einer Generalaudienz an. Der Attentäter wird zu lebenslanger Haft verurteilt. Der Papst verzeiht ihm noch auf dem Krankenbett.

28. Juni 1981
Die ARD strahlt den ersten „Tatort" mit dem Duisburger Kriminalhauptkommissar Horst Schimanski aus.

29. Juli 1981
Lady Diana Spencer und der britische Thronfolger Charles heiraten in London. Die Fernsehübertragung des Ereignisses erreicht mit weltweit mehr als 750 Millionen Zuschauern Rekordeinschaltquoten.

1. Dezember 1981
AIDS wird als eigenständige Krankheit erkannt.

2. April 1982
Beginn des Falklandkriegs: Argentinische Truppen besetzen die britischen Falklandinseln, können sie aber nicht für sich einnehmen.

29. Mai 1982
Die Schauspielerin Romy Schneider stirbt in Paris an Herzversagen.

11. Juli 1982
Bei der Fußball-Weltmeisterschaft in Spanien verliert Deutschland im Endspiel gegen Italien (1:3).

1. Oktober 1982
Beginn der Ära Kohl: Helmut Kohl (CDU) wird nach einem konstruktiven Misstrauensvotum gegen Bundeskanzler Helmut Schmidt (SPD) zum neuen Regierungschef Deutschlands gewählt.

1. Dezember 1982
Michael Jacksons Erfolgsalbum „Thriller" erscheint.

5. Mai 1983
Der größte Skandal in der deutschen Presse wird entlarvt: Die angeblichen Tagebücher von Adolf Hitler, die dem Nachrichtenmagazin „Stern" exklusiv angeboten wurden, sind Fälschungen.

22. Oktober 1983
Mehr als eine Million Menschen in Deutschland nehmen an Friedensdemonstrationen teil.

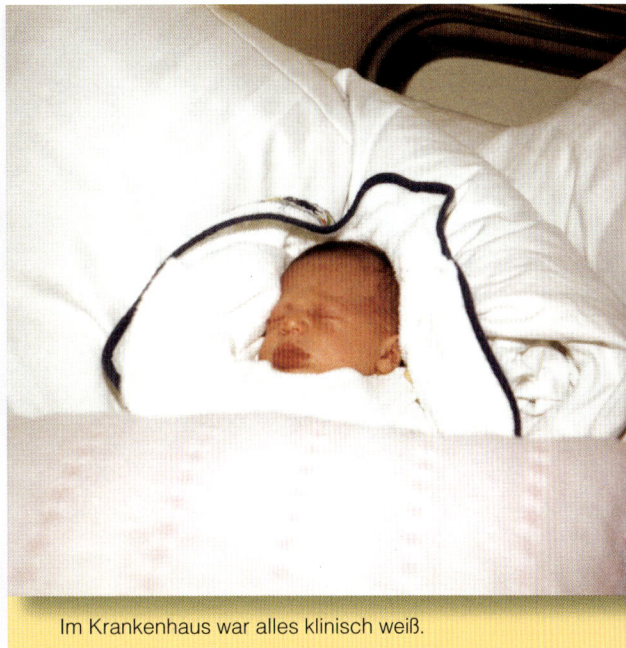
Im Krankenhaus war alles klinisch weiß.

deutschen Songtexten aus dem Radio. Wenn Mama uns abschließend für ein Bäuerchen schulterte, lagen wir mit der einen Gesichtshälfte in ihrer Lockenpracht. Wir mussten damals davon ausgegangen sein, dass Mütter grundsätzlich gewellte Frisuren trugen. Kein Wunder: Gerade 1981 war die Markteinführung der „Zwei-Phasen-Dauerwelle". Und alle Mütter, die noch einen „Mireille-Mathieu-Schnitt" hatten, stiegen spätestens jetzt auf Lockenmähne um. Zehn Jahre später verschwanden alle Fotos mit dieser Frisur in der aufklappbaren, rustikalen Kücheneckbank. Unsere Väter hingegen hatten ihren 70er-Bart noch nicht abrasiert und die dicke Hornbrille ausgetauscht, aber besonders peinlich schien ihnen das nicht zu sein.

Hatten unsere Eltern gebatikte T-Shirts oder filzige Haare, dann gehörten sie wahlweise zu der Hausbesetzer-, Umwelt- oder Anti-Atomkraft-Bewegung. Aber auch etwas unscheinbarer gekleidete Eltern gingen zu Demonstrationen. Unser Geburtsjahr stand im Zeichen der Friedensproteste. Das lag am „Kalten Krieg", beim dem nicht gekämpft wurde. In ganz Europa gingen die Leute auf die Straße, um für eine friedliche Welt und Abrüstung zu demonstrieren.

Wir bekamen von den politischen und gesellschaftlichen Entwicklungen Anfang der 80er nichts mit. Für uns war interessant, wann Mama die bunte Spieluhr (meist in Tierform) mit unserer Lieblingsmelodie aufdrehte und wir ihr im Kinderwagen oder auf der Spieldecke lauschen konnten. Zeitgleich kämpften die Kriegsgegner für unsere friedliche Zukunft. Wir wollten vorerst nur in unserer kleinen Welt viel erreichen, doch das fiel uns schwer. Unsere Arme und Beine waren noch zu unkoordiniert, um alles zu fassen. Dafür waren unsere Augen schon hellwach. Wir wollten viel zu sehen bekommen: Einen kleinen bunten Frotteeball, eine Schmusepuppe oder die vertrauten Gesichter unserer Familie.

Wir schmusten mit allem aus Plüsch.

Alles dreht sich um uns

Für unsere Eltern waren wir der neue Mittelpunkt ihres Lebens: Sie mussten uns erziehen und sich dafür die richtigen Methoden suchen. Die meisten beschlossen bei der Ernährung: „Muttermilch ist das Beste."
Unsere Mütter stillten uns, resistent gegenüber der Werbung für künstlichen Milchersatz, bis wir die Flasche akzeptierten. Die antiautoritären Zeiten, in denen Kinder ihre Eltern beim Vornamen nennen, waren vorbei. Aber auch autoritäre Maßnahmen waren überholt. So könnte man den Erziehungsstil als liberal-gemäßigt bezeichnen. Typisch 80er: Nichts Halbes und nichts Ganzes! Auch die Diskussion, ob die Mütter lieber zu uns und an den Herd oder zurück in ihren Beruf gehörten, war noch nicht entschieden.

In den Frauenzeitschriften wimmelte es von Strickmustern und Kleidungs-schnitten zum Selbstnähen. Wir waren Versuchsobjekte, wenn es um neue Strickvarianten ging. Ein Zeichen dafür, dass unsere Mütter noch viel selbst machten. Dabei kratzten die liebevoll gestrickten Pullover immer am meisten. Uns wäre die „Mickey Mouse"-Variante aus dem Kaufhaus lieber gewesen, wenn wir die Wahl gehabt hätten. Aber wir konnten uns noch nicht wehren. Die Eltern der 80er waren schon emanzipiert genug, um Mädchen nicht nur in Kleidchen, sondern auch in Latzhosen zu stecken. Bei unserer Taufe bekamen wir aber alle ein Kleidchen an – egal ob Mädchen oder Junge. Auf Fotos ist schwer zu sagen, wer von den Geschwistern über dem Taufbecken hängt, das Gesicht rot und von einem Schrei verzerrt. Gut, dass wir uns daran nicht mehr erinnern können. Nur das Positive blieb uns am Schluss erhalten: Unser erstes Sparbuch wurde an diesem Tag angelegt.

Erste Gehversuche

Als wir gerade unsere Gehversuche vorbereite-ten, begann Helmut Kohl seine ersten Schritte als Politiker. Er sollte uns noch eine ganze Strecke unserer Kindheit und Jugend begleiten. Wir konn-ten uns gar nicht vorstellen, dass es auch mal einen anderen Dauergast in der „Tagesschau" gebe würde. Unsere Eltern waren recht zuver-sichtlich, da der Mann immer selbstbewusst auftrat und so komisch redete. Frei nach dem Motto von Geier Sturzflug: „Jetzt wird wieder in die Hände gespuckt!", glaubten unsere Eltern,

Kanzler Kohl-Karikatur.

die Renten seien auch später für uns sicher, und Kanzler Kohls neue Republik bringe den dauerhaften wirtschaftlichen Aufschwung sowie die nötige Unter-stützung für unsere junge Familie. So konnten sich Mama und Papa liebevoll und weitgehend sorgenfrei um uns kümmern. Nach der ersten Schonfrist mehrten sich aber auch die Zweifel an der „Wende Kohl". Der Spiegel titelte: „Ende 82: Strohfeuer von drei Monaten". Das von Kohl vorgelegte Koalitions-programm mit den Rezepten aus den 50er-Jahren schien den Journalisten

Gähn, wir waren oft müde.

ungeeignet, die Beschäftigungsnöte und Haushaltsprobleme zu lösen.
Beschäftigungsnöte? Weniger als 1,5 Millionen Arbeitslose Anfang der 80er
sollten in den 90ern zur unerreichbaren Traumquote werden.

Aller Anfang ist schwer. Auch wir konnten nicht von heute auf morgen laufen.
Deshalb robbten oder krabbelten wir eine Zeit noch umher oder mussten uns
umständlich an der braunen Cordcouch oder den wuchtigen Schrankwänden
entlanghangeln, um wenigstens den Eindruck zu erwecken, nun bald gehen zu
können. Nicht selten wurde unser Übermut mit einer Bauchlandung beendet.
Wären wir doch im Bett geblieben, denn Schlafen war immer noch unsere
Lieblingsbeschäftigung.

Britney Spears und
Justin Timberlake,
beides 81er,
waren mal ein Paar

Prominente 81er

25. Jan.	**Alicia Keys**, *US-amerikanische Sängerin*
28. Jan.	**Elijah Wood**, *US-amerikanischer Schauspieler*
31. Jan.	**Justin Timberlake**, *US-amerikanischer Sänger*
17. Feb.	**Paris Hilton**, *US-amerikanische Unternehmerin, Sängerin, Model*
22. Feb.	**Jeanette Biedermann**, *deutsche Sängerin und Schauspielerin*
8. März	**Timo Boll**, *deutscher Tischtennisspieler*
11. März	**Matthias Schweighöfer**, *deutscher Schauspieler*
28. April	**Jessica Alba**, *US-amerikanische Schauspielerin*
17. Mai	**Cosma Shiva Hagen**, *deutsche Schauspielerin*
9. Juni	**Natalie Portman**, *US-amerikanische Schauspielerin*
12. Juni	**Nora Tschirner**, *deutsche Schauspielerin und Moderatorin*
29. Juli	**Fernando Alonso**, *spanischer Formel-1-Rennfahrer*
4. Aug.	**Florian Silbereisen**, *deutscher Fernsehmoderator und Sänger*
8. Aug.	**Roger Federer**, *Schweizer Tennisspieler*
4. Sep.	**Beyoncé Knowles**, *US-amerikanische Sängerin*
2. Dez.	**Britney Spears**, *US-amerikanische Sängerin*

Huch, wir bekamen zum
ersten Mal Geschenke.

Wir werden gefeiert!

An unserem ersten Geburtstag
waren wir überrascht, dass plötzlich
alle sangen und uns einen Kuchen
mit einer Kerze unter die Nase hielten.
Auch eingepackte Spielsachen
kamen uns komisch vor. Beim
Auspacken musste uns jemand
helfen. Doch dann bestiegen wir
stolz unser neues Bobby-Car und rollten damit über die Terrasse – nur bis zum
Rasenbeginn. Zugegeben, unser erstes Auto war alles andere als ein Flitzer.
Sogar unsere große Schwester mit dem Hüpfball war schneller unterwegs. Wir
ließen uns nichts anmerken. Als Dankeschön für das tolle Gefährt brabbelten
wir ein unverständliches „Mama, Papa" und wagten vorsichtig unsere weiteren
Gehversuche, bei denen uns der rote Plastikflitzer helfen sollte. Unsere Eltern
waren immer stolz auf uns. Egal, was wir machten, wir wurden beobachtet und
zur Belohnung durch die Luft gewirbelt. Zu früh gefreut, denn die neue Bewe-
gungsfreiheit nutzten wir schamlos aus: Wir räumten Mamas Handtasche aus
und fummelten an der Stereoanlage. Waren unsere Eltern musikalisch auf der
Höhe der Zeit, fanden wir in der Plattensammlung ganz viele
bunte Bilder und lustige Leute mit verrückten Klamotten. Wir ließen uns die Musik von ABBA oder der
Neuen Deutschen Welle auflegen und wackelten zu
den deutschen Texten von Ideal oder Extrabreit mit.
Die Musik war laut und schrill, Satzbau und Gram-
matik waren unwichtig. Das gefiel uns. Bei den
frech-fröhlichen Mitsing-Liedchen von Markus und
natürlich Nenas Luftballonlied, das uns später
noch auf sämtlichen Kindergeburtstagen begeg-
nen sollte, hob sich unsere Stimmung.

Mit unserem Bobby-Car
waren wir endlich mobil.

Die große Schwester mit dem Hüpfball war schneller.

Im Garten konnten unsere Eltern die Windel bedenkenlos weglassen.

Jetzt noch „stubenrein" werden

Hatten wir uns so viel Mühe mit den ersten Worten und Schritten gegeben, kam auch schon die nächste Aufgabe auf uns zu: Wie kleine Hunde wurden wir stubenrein gemacht. Dazu klauten uns Mama und Papa die Windel und stellten ein Plastikschälchen mitten im Wohnzimmer auf. Vor aller Augen sollten wir dort unser Geschäft erledigen. Das sahen wir nicht ein. Erst wenn uns niemand mehr fixierte, wagten wir einen Versuch. Manchmal waren wir auch einfach so beschäftigt damit, laut auf unser Xylophon einzuschlagen oder Murmeln durch die Klickerbahn rollen zu lassen, dass wir den Blasendrang völlig ausblendeten. So erstreckte sich ab und zu ein kleines Rinnsal über unsere Beinchen und tränkte den Flokatiteppich (auch ein Überbleibsel aus den 70ern). Die hektisch herbeieilenden Eltern tadelten uns mit erhobenem Zeigefinger und unseren Vornamen: „Stefanie, Stefanie!" oder „Christian, Christian!" Alle unsere Kose- und Spitznamen hatten Mama und Papa plötzlich vergessen. Stefanie und Christian waren übrigens die beliebtesten Vornamen unter den 81er-Eltern, dicht gefolgt von Julia und

Beim Spielen vergaßen wir schon mal, dass wir keine Windel mehr anhatten.

Dennis. Nur wenn wir im Garten spielten, war es nicht schlimm, wenn wir aus Versehen unsere Plastikbadewanne mit unserem Töpfchen verwechselten. Der Ärger bei unseren Eltern war aber in der Regel schnell verflogen. Schließlich befanden wir uns noch in der Probezeit. Abends bekamen wir dann endlich wieder Windeln an und durften genüsslich an unseren Tee- oder Kakaofläschchen nuckeln. Entspannt konnten wir zuhören, wenn unsere Eltern uns Märchen vorlasen. Der Gang zu dem Plastikteil im Wohnzimmer wurde überflüssig, denn unsere Geschäfte erledigten wir ganz nebenbei.

Beim Spielen ließen wir uns nur ungern stören.

„Ich geb' Gas, ich will Spaß!"

Kaum konnten wir uns windelfrei bewegen, gaben wir Gas. Wir tobten im Sommer nackt durch den Garten und erfrischten uns ungehemmt im Planschbecken. Wir stiegen vom Bobby-Car auf das Dreirad um und waren so viel schneller außer Reichweite. Verließen wir mal die eigenen vier Wände, konnten wir uns auf Spielplätzen austoben. Im Sandkasten verbrachten wir die meiste Zeit. Dort knüpften wir Freundschaften fürs Leben, indem wir gemeinsam mit den anderen Kindern Sandburgen bauten. Am Abend ließen wir uns erschöpft im Kinder-Buggy oder Bollerwagen zurückschieben. Wir brachten den halben Sandkasten in unseren Gummistiefeln und Haaren mit ins Haus. Mama musste uns dann erst einmal „entsanden". Das funktionierte am besten in der Badewanne, in der wir so viel Zeit verbrachten, bis wir schrumpelige

Abendbrot gab es im Frotteebademantel.

Froschfinger hatten. Wir frisierten die Haare zu Max-und Moritz-Frisuren, versteckten den Siku-Traktor vom großen Bruder im Schaummeer und ertränkten das Quietsche-Entchen. Wenn es uns zu kalt wurde, mischten wir einfach etwas warmes Wasser unter und leerten eine Flasche Kinderbadeseife – die nur ein bisschen in unseren Augen ziepte, wenn Mama uns die Haare abbrauste. Danach konnten wir uns in unseren Frotteebademantel mit Kapuze mummeln und genüsslich unser Nutella-Abendbrot essen.

Der große Fälschungsskandal: Hitler-Tagebücher

1983 konnte der Maler Konrad Kujau das renommierte Nachrichtenmagazin „Stern" davon überzeugen, bisher nicht veröffentlichte Tagebücher von Adolf Hitler zu besitzen. Der Journalist Gerd Heidemann erhielt den Hinweis auf die Bücher und verschaffte sich zunächst im Alleingang einen Eindruck: Er fuhr nach Börnersdorf in Sachsen, wo die Tagebücher (Kladden mit Reichsadler, Kordel und Hakenkreuz) angeblich kurz vor Kriegsende in einem abgestürzten Flugzeug gefunden worden waren. Er schaffte es, die Redaktion von der Echtheit der Tagebücher zu überzeugen. Insgesamt 9,3 Millionen Mark waren dem Stern die 62 Bände wert. Zusätzlich erwarb die Zeitschrift ein Cockpit-Teil der Maschine und lagerte es in einem riesigen Safe ein.

Bis zur Veröffentlichung der Tagebücher ereigneten sich jedoch einige Pannen: Die Chefredaktion wurde zu spät eingeweiht, die Gutachten waren unzurei-

chend und stammten zum Teil aus der Feder von Kujau selber. Doch keine Zweifel konnten die Zeitschrift daran hindern, am 26. April 1983 eine große internationale Pressekonferenz abzuhalten, bei der verkündet wurde: „Große Teile der deutschen Geschichte müssen neu geschrieben werden." Nur kurze Zeit später war klar: Die Bücher waren eine plumpe Fälschung. Das Material, aus dem die Bücher bestanden, stammte eindeutig aus der Nachkriegszeit. Weitere historische und linguistische Untersuchungen bestätigten den Schwindel.

Kujau legte ein Geständnis ab und verbrachte drei Jahre hinter Gittern. Heidemann saß fast fünf Jahre, weil das Gericht überzeugt war, dass er einen Teil des Geldes selber behalten habe. In dem Film „Schtonk" (1992) wurde der Stoff zu einer Persiflage auf die westdeutsche Nachkriegsgesellschaft und das Pressewesen verarbeitet.

„Wer, wie, was, wieso, weshalb, warum?"

Am ersten Kindergartentag waren wir besonders stolz auf unsere Tasche.

Kindergarten, wir kommen!

Als wir in den Kindergarten kamen, wurden wir zum ersten Mal in unserem Leben „flügge". Ausgestattet mit reichlich Proviant wie „Fruchtzwerge" („So wertvoll wie ein kleines Steak!") und pseudo-gesunde Kindermilch-schnitten betraten wir an Mamas Hand unser neues Spielparadies. Hier gab es noch mehr Bauklötze, Pixie-Bücher und Spiele als in unserem Kinderzimmer. Und alles war schön aufgeteilt: Da gab es die Puppenecke, den Maltisch und den Legobereich. Wir bekamen einen eigenen Haken in der Lieblingsfarbe für unsere Jacke, ein Fach für den Turnbeutel und die Hausschuhe. Das überzeugte uns. Schnell war der erste Trennungsschmerz vergessen, denn wir waren

Chronik

1. Januar 1984
Das Privatfernsehen startet in Deutschland.

7. Februar 1984
Der US-Astronaut Bruce McCandless ist der erste Mensch, der sich ohne Sicherungs-leine im Weltraum frei bewegt.

31. Oktober 1984
Die indische Ministerpräsidentin Indira Gandhi kommt bei einem Attentat ums Leben.

6. November 1984
Ronald Reagan gewinnt die US-Präsident-schaftswahlen.

11. März 1985
Michail S. Gorbatschow wird General-sekretär der Kommunistische Partei der Sowjetunion (KPdSU).

25. Mai 1985
Auf dem Nürburgring findet zum ersten Mal das Musikfestival „Rock am Ring" statt. Insgesamt 17 Künstler spielen auf der Bühne, darunter U2 und Joe Cocker.

7. Juli 1985
Der 17 Jahre alte Boris Becker gewinnt als erster Deutscher und jüngster Tennisspieler aller Zeiten Wimbledon.

10. Juli 1985
Das Greenpeace-Schiff „Rainbow Warrior" wird von Agenten des französischen Geheimdienstes im Hafen von Auckland (Neuseeland) versenkt.

28. Januar 1986
Die US-Raumfähre „Challenger" mit sieben Astronauten an Bord explodiert kurz nach dem Start zu ihrem Jungfernflug ins All.

28. Februar 1986
Der schwedische Ministerpräsident Olof Palme wird in der Stockholmer Innenstadt erschossen.

18. April 1986
Musicalboom: „Cats" feiert in Hamburg Premiere.

26. April 1986
Eine der schwersten Umweltkatastrophen ereignet sich im Kernkraftwerk Tschernobyl nahe der ukrainischen Stadt Prypjat (damals Sowjetunion).

Das erste Meisterwerk mit dem Buntstift.

unter Gleichgesinnten. Ab sofort gehörten wir gerne zu einer Gruppe von spielenden, lauten Kindern.

Die einzelnen Gruppenräume hatten meist ein Motto: Tiere oder Farben. So wussten wir immer, wo wir hingehörten: Die einen waren die Giraffen, die anderen die Grünen. Unsere Gruppe fanden wir natürlich am besten. Sobald wir den Stuhlkreis verließen, war klar, dass wir die Frischlinge waren. In den Pausen trafen wir auf die älteren Kinder, die bald zur Schule gehen würden. Sie belagerten auf dem Spielplatz das größte Klettergerüst und bestimmten, wer dort klettern durfte. Dafür waren wir zu klein – wir konnten ja noch nicht einmal unsere eigenen Schuhe zubinden. Um ganz schnell groß und unabhängig zu werden, übten wir an Rahmen das Schleifenbin-den und die Hosenträger unserer Lieblingscordhose mit den Neon-Flicken

So viele neue Spielgefährten.

nach dem Toilettengang selber zu schließen. Wir fanden heraus, wie man die Kindergärtnerin beim „Schwarzen Peter" beschummelt, um ihr eine schwarze Nase malen zu dürfen, und wie man den Strohhalm in Capri-Sonne-Trinkpäckchen sticht, ohne sich zu bespritzen. Auch unsere künstlerischen Fähigkeiten wurden gefördert. So brachte man uns bei, dass Kartoffeln auch zu Stempeln und Kastanien zu Streichholzmännchen werden können, und es salzigen Teig und bunte Knetmasse gibt, aus denen wir Figuren formen konnten. Natürlich gelangen uns Dinge besser, wenn man uns half. Bei uns wurde die Knete immer zu einem grauen Ball, weil wir alle Farben zusammenmischten und beim Wasserfarbenmalen war das Papier schnell so durchweicht, dass es riss.

Aber mindestens an einem Tag im Jahr waren wir die Größten: An unserem Geburtstag bekamen wir eine goldene Krone und wurden von den Kindergärtnerinnen auf einem Stuhl drei Mal in die Luft gehoben, während die ganze Gruppe lautstark nur für uns „Hoch soll sie leben – drei Mal hoch!" sang.

Am schönsten war es in der Puppenecke.

Aufklärung für Kleine

An manchen Tagen im Kindergarten bekamen
wir Besuch von „draußen". Der Nikolaus klärte
uns mit tiefer Stimme auf, dass wir gaaanz
brav sein müssen, damit er uns nicht bestraft.
Wir dachten uns schon damals, dass unsere
Eltern und Kindergärtner den alten Mann
mit dem weißen Bart bestochen hatten.
Denn am Ende war er immer nur freundlich
und belohnte uns alle mit Süßigkeiten. Auch
wenn wir mindestens drei Mal im Jahr
gelogen hatten und unsere Geschwister

Regenschutz im Wohnzimmer:
Wir sorgten vor und passten auf.

gekniffen. Doch dann kam uns der Gedanke, dass die Süßigkeiten vielleicht
eine geheime Strafe waren, denn aus dem Fernsehen wussten wir, dass in
Süßigkeiten nicht nur die „Extra-Portion Milch", sondern vor allem gefährlicher
Zucker steckt. Wir sahen, wie sich die beiden Bösewichte Karius und Baktus
(selber nur noch mit einem Zahn im Mund) an Kuchen und Bonbons stärkten. Mit
der Energie zerstörten sie die Zähne von dem kleinen Max. Sie bauten sich
genau dort Eckzahnpaläste, wo sie vor der Zahnbürste in Sicherheit waren. Wenn
die beiden mit ihren Hämmern extra auf die empfindlichen Stellen an den
Milchzähnen klopften, war das der Grund für unsere Zahnschmerzen, die einen
lästigen Zahnarztbesuch zur Folge hatten. Der Onkel im weißen Kittel betonte
immer, er würde uns nicht wehtun – und dann zückte er doch eine lange
Spritze, die ganz schön piekte. Aber Hauptsache der Bohrer vertrieb die beiden
Kobolde, damit sie sich einen anderen Mund suchen konnten. Wir durften uns
zur Belohnung ein Spielzeug aussuchen.

Einmal bekamen wir Besuch von einem Polizisten. Erst erschraken wir, denn
schließlich wussten wir auch schon, dass die Polizei kommt, wenn man etwas
falsch gemacht hatte. Dann kam man ins Gefängnis und musste gestreifte Kleidung tragen. Doch der Polizist war da, um uns mit Hilfe seines frechen Hand-
puppen-Freunds zu erklären, wie wichtig es sei, nur bei Grün über die Straße
zu gehen. Die Handpuppe war ein Hund, der immer nur das machte, was er
wollte – und der Polizist wurde dann sauer und erklärte, wie dumm der Hund
sei. Danach mussten wir ein anderes Kind an die Hand nehmen und mar-
schierten in Reih und Glied gemeinsam über sämtliche grüne Ampeln, Zebrastreifen und Parkplätze der Umgebung. Von dem Tag an fanden wir die Polizei
nett und Autos doof.

Geschwisterliebe – Geschwisterhass

Bis zum Kindergartenalter waren
kleine Geschwister ganz praktisch.
Wir konnten ihnen Geschichten aus
Bilderbüchern erzählen und sie
glaubten uns jedes Märchen – auch
dass wir schon lesen konnten. Beim
gemeinsamen Barbie- oder Playmo-
bilspielen durften wir uns die besten Figuren zuerst aussuchen und bewohn-
ten das Barbie-Traumhaus oder den Playmobil-Bauernhof zu größeren Teilen.
Auch wenn wir die alten Kleider von unseren Eltern auf dem Dachboden
fanden, ließ sich der kleine Bruder bereitwillig schminken und in Mamas
Miniröcke stecken.

Im Kindergarten gab es so viele Spielkameraden, dass uns die kleinen
Geschwister anfingen etwas zu nerven. Wenn sie uns mit ihren klebrigen
Fingern betatschten, uns mit ihren Dreirädern anfuhren, den Glitzerflummi
anlutschten oder unsere selbstgemalten Kunstwerke mit ihren Wachsmalern
verschönern wollten, gab es Zoff. Wir straften die Kleinen mit Nichtachtung.
Von unseren älteren Geschwistern wussten wir schon, dass es „uncool" ist,
mit den Kleinen gesehen zu werden. Und so musste der kleine Bruder oder
die kleine Schwester auch zu Hause bleiben, wenn wir uns am Wochenende
mit Freunden zum Spielen trafen.

Die älteren Geschwister wiederum waren von uns genervt, weil wir ihre
Kassetten von „Modern Talking" zu einem Bandsalat machten oder aus den
modischen Tennissocken die kleine Figur ausschnitten. Wenn die Älteren
uns bei den Eltern verpetzten, mussten wir die härtesten Maßnahmen
ergreifen: Wir zerrissen die Poster von Michael Jackson, malten der halb-
nackten Madonna eiskalt einen Schnurrbart oder verstellten den gerade
enträtselten Zauberwürfel.

Vorlese-Hits

Paul Maar: „Am Samstag kam das Sams zurück"
Janosch: „Oh, wie schön ist Panama"
Michael Ende: „Die unendliche Geschichte"
Michael Ende: „Momo"

Erwin Moser: „Ein Käfer wie ich"
Astrid Lindgren: „Pippi Langstrumpf"
Erich Kästner: „Pünktchen und Anton"
Otfried Preußler: „Der Räuber Hotzenplotz"
Eric Carle: „Die kleine Raupe Nimmersatt"

Einmal Prinzessin oder Cowboy sein

An einem Tag im Jahr durften wir uns mal richtig im Kindergarten austoben: Karneval. Wenn der „Ententanz" ertönte, wussten wir alle, was zu tun ist: Mit den Ellenbogen wie mit Flügeln schlagen, mit zusammengedrückten Knien in die Hocke gehen und dann vier Mal in die Hände klatschen. Der „Ententanz" war übrigens der Sommerhit des Jahres 1981 und hielt sich acht Wochen auf Platz eins der Charts. Wahrscheinlich, weil jeder Kindergarten sich das Lied

Cowboys, Indianer und Clowns waren
die Renner unter den Kostümen.

anschaffte, um uns beim Kinderkarneval wenigstens für ein paar Minuten zu formieren. Den Rest der Zeit tosten wir durch alle Räume. Die Cowboys jagten die Indianer und knallten ihnen mit ihren Pistolen direkt ins Ohr. Die Clowns besprühten die hübsch gemachten Prinzessinnen mit neonfarbenen, schleimigen Fäden aus Dosen. Und wir bekamen sogar Besuch von Marsmenschen. Die Kindergärtnerinnen behängten wir mit Luftschlangen, malten ihnen Bärte und schnitten ihre Schnürsenkel durch. Und sie wurden nicht sauer. Zum Mittagessen gab es Berliner mit einer dicken Zuckerschicht und zum Nachtisch durften wir uns an der Schokokussweitwurfmaschine bedienen. Als uns dann die Eltern abholten, war die Schminke verlaufen und die Krönchen hingen schief. Am Abend gingen wir freiwillig, ohne vorher das Sandmännchen oder die Bettkantengeschichten zu schauen, todmüde ins Bett.

Zwei Marsmenschen besuchten uns.

„Ich glotz' TV"

Die erste große Technik-Revolution war der Start des Privatfernsehens am 1. Januar 1984. Statt Schnee und bunten Diagrammen mit Fiepton entdeckten wir auf den anderen Tasten der Fernbedingung ganz neue Programme. Von da an opferten wir einen Teil unserer Spielzeit, um die ganzen neuen Sendungen zu sehen. Unsere Eltern waren selber so neugierig und wussten noch nicht, dass manche Programme nicht so gut für uns waren. Also durften wir uns neben den Klassikern wie der „Sesamstraße", „Die Sendung mit der Maus", „Bugs Bunny" und der „Rosarote Panther" durch RTL Miniplus und später Tele 5 (1988) mit „Bim Bam Bino" und „Ruck Zuck" zappen. Nur „Hallo Spencer" war bei unseren Eltern nicht so beliebt, weil es da den Jungdrachen Poldi gab, der alle anderen immer unkorrekt anbrüllte: „Ich bin Poldi, der schönste Jungdrache der Welt, und ich will dir fressen!" Dafür waren wir schon langsam genervt von der besserwisserischen Tiffy und den Endlosdiskussionen von Ernie und Bert. Neues musste her!

Die Maus Bino sagte uns unsere Lieblingstrickfilme wie „He-Men" oder „Die Schlümpfe" an. Wir Mädchen liebten „Regina Regenbogen", von der wir auch alle Hörspiele und die Sternwichte als Kuscheltier haben wollten. Die Jungs fanden „Knight Rider" auf RTLplus mit David Hasselhoff und seinem sprechenden Wunderauto KITT cool, und versuchten ihn zu imitieren. Trotz der neuen Programme blieben wir den „alten Sendern" treu, um zum Beispiel „Wickie und die starken Männer" nicht zu verpassen. Das waren die Abenteuer mit den dicken, einfältigen Wikingern, die so lustige Namen wie Snorre und Faxe hatten – und natürlich mit Wickie, der sich immer die Nase rieb, wenn er nachdachte und dann „Ich hab's!" rief. Mädchen und Jungs liebten die Serie gleichermaßen und diskutierten, ob die Hauptfigur Wickie mit den guten Ideen männlich oder weiblich sei. Jetzt für alle: Wickie ist ein Junge. Und zum Mitsingen die Titelmelodie: „Hey, hey, Wickie! Hey, Wickie, hey! Zieh' fest das Segel an! Hey, hey, Wickie! Die Wikinger sind hart am Winde dran. Nananana na nananana nana Wickie!"

Ein Highlight der Woche war „Spaß am Dienstag" mit dem gelben, computeranimierten Punkt Zini, der uns mit verblüffender Zerrstimme „Danger Mouse" oder „Tom und Jerry" ankündigte.

Praktisch war die Werbung zwischen den Kindersendungen – so wussten wir immer, welches Spielzeug gerade neu und angesagt war. Wir konnten unseren Eltern direkt mitteilen, worüber wir uns zum Geburtstag oder an Weihnachten freuen würden und mussten nicht sämtliche Kataloge anschauen und unsere Favoriten ankreuzen.

Frank Zander mit Miesling in „Spaß am Dienstag".

4. bis 6. Lebensjahr

Kult-Werbung

Mit dem Beginn des Privatfernsehens 1984 wurden wir mit einer Flut von Werbespots überfordert. Die kleinen Filmchen waren erst interessant, nervten dann aber bald. Einige Spots sind uns in Erinnerung geblieben:

Drei-Wetter-Taft: „Hamburg. 8.30 Uhr. Wieder mal Regen. Perfekter Halt fürs Haar. Drei-Wetter-Taft. Zwischenstopp München. Es ist ziemlich windig. Perfekter Sitz. Drei-Wetter-Taft. Weiterflug nach Rom. Die Sonne brennt. Perfekter Schutz. Drei-Wetter-Taft." Eine frisch geföhnte Blondine, die an verschiedenen Orten aus dem Flieger stieg, überzeugte uns davon, dass „taften" die Haare unserer Mütter gut in Form hielt.

Twix/Raider: Das waren noch Zeiten, als es Raider (... den Pausensnack) gab. Niemand hat so recht verstanden, was der Sinn der Umbenennung in Twix war. Denn sonst blieb ja alles gleich, wie man uns im Vorbereitungsspot versprach: „Raider heißt jetzt Twix, sonst ändert sich nix."

Pepsi: Der ewige Konkurrent von Coca-Cola begann eine „New Generation" und verpflichtete berühmte Stars wie Michael Jackson, um uns von Pepsi zu überzeugen.

Dr. Best: Der seriöse Zahnarzt „Dr. Best" verdeutlichte uns mit Hilfe einer Tomate, dass man seine Zahnbürste ruhig fest aufdrücken kann – ohne dass das Zahnfleisch verletzt wird.

Wrigley's Spearmint: Es hält sich hartnäckig das Gerücht, dass die sportliche Frau mit der überdimensionalen Wrigley's-Packung aus der Werbung für den Jogging-Wahn seit den 80ern verantwortlich ist.

Nescafé: „Ich bin so frei – Nescafé ist dabei!" Wie unbeschwert es sein konnte, gefriergetrockneten Pulverkaffee zu trinken. Da der Kaffeefilter auf dem Vormarsch war, suggerierten uns die Werber, dass junge Menschen sich mit Nescafé Zeit sparen würden und ihren Kaffee nicht altmodisch aufbrühen müssen. Das koffeinhaltige Getränk interessierte uns damals noch nicht – aber die eingängige Melodie dieses Spots.

Ültje: Hier reicht es, sich die Melodie ins Gedächtnis zu rufen – dann kommen die Bilder von dem verrückten Ültje-Mann automatisch: „Kaum steh' ich hier und singe, kommen sie von nah und fern, und fangen an zu knabbern, sie ha'm halt Ültje gern. Sie singen und sie tanzen, sie lachen und sie schrei'n und möchten noch mehr Ültje, die leck'ren Knabbereien – komm auch du, greif zuuu, komm auch duuu, greif zuuuu!"

Die Weisse: Soooooo gesund sollte sie sein. Weil sie ganz hell und milchig war. Dass „Die Weisse" von Nestlé eigentlich keine Schokolade mehr war, sondern pures Fett mit Zucker, wollten wir nicht glauben.

Milky Way: Der Schokoriegel war so leicht, dass er sogar auf Milch schwamm, wie uns die Dame aus dem Spot demonstrierte. Wir überprüften das zu Hause. Ganz Dumme glaubten, dass so etwas Leichtes gesund sei.

Das Fest der Spielzeuge

Wenn Mama die Kiste mit den goldenen Sternfensterbildern, dem Glitter und den Weihnachtskugeln aus dem Keller holte, dann wurde es langsam ernst für uns. Jetzt war es höchste Zeit, die Wunschliste zu diktieren, damit der Weihnachtsmann sie noch rechtzeitig erhielt und die Spielzeuggeschäfte plündern konnte. Bei uns stand neben den Pflichtgeschenken wie Schals, Turnschlappen und Vorlesebüchern immer ein Hauptgeschenk, wie zum Beispiel ein Fahrrad, auf dem Wunschzettel. Inspiriert wurden wir durch die Werbung zwischen den Kindersendungen und den Kinderzimmern unserer Spielgefährten. So wünschten wir uns zum Beispiel einen Walkman, mit dem wir unsere Hörspiele von „Bibi Blocksberg" bis „TKKG" auch auf langen Autofahrten hören konnten. Besonders toll fanden wir die neusten Spielwaren. Wir waren heilfroh, wenn wir das letzte leere Fach unseres Adventskalenders pro forma geöffnet hatten (die Schokolade hatten wir schon vorher vernascht), wir die Weihnachtslieder mitgemurmelt hatten und unsere große Schwester uns mit der Blockflöte oder einem Gedicht gefoltert hatte. Dann fing das große Rascheln an. War das lästige Papier zerfetzt, jubelten wir über Playmobil, Matchbox-Autos oder Barbie-Puppen. Damals gab es aber auch einen besonderen Hype um hässliche Wesen mit einem Plastikkörper und Haaren in den grellsten Farben. Unsere Eltern waren entsetzt, wenn wir uns die Pferde von „Mein kleines Pony" mit Namen wie Samtschleifchen oder Apfelbäckchen wünschten oder einen Monchhichi. Ähnlich unbeliebt waren bei ihnen die Keypers-Figuren, in denen man Dinge einschließen konnte („Schließ was ein – es bleibt geheim!"), die quiekenden Knuffelbunts mit dem Herzchen auf dem Bauch oder später die Trolle mit fratzenartigen Gesichtern und blauen, grünen oder gelben Haaren. Völlig unbekannt waren unseren Omas und Opas die Figuren, die wir aus dem Fernsehen kannten: Aus „Masters of the Universe" (He-Men und Skeletor), die Popples, die auch zur Kugel

Unser erstes Fahrrad durften wir sogar auf dem weißen Teppich testen.

werden konnten, oder die nach Erdbeere duftende Emily Erdbeer. Dann mussten wir den Erwachsenen erst einmal erklären, warum He-Men ein Zauberschwert besitzt und warum Skeletor als Bösewicht trotzdem toll ist. Nahezu erleichtert waren wir, den kleinen Hundewelpen Wauzis endlich eine Familie bieten zu können. Der herzzerreißende Werbespruch köderte nicht nur uns: „Wauzis haben keine Mama, haben keinen Papa, keiner hat uns lieb!" Welche Eltern konnten da Nein sagen?

Stand eine elektrische Eisenbahn oder die Carrerabahn auf der Wunschliste, dann schlug Papas Herz höher. Die Folge war, dass Väter diese Geschenke später nutzten und hüteten, als wären es ihre eigenen.

Die kleine Schwester wollte den neuen Walkman auch mal bedienen.

Spielen verboten.

Die Wolke kommt

Überschattet wurde unsere tolle Kindergartenzeit durch das schwere Atomreaktorunglück von Tschernobyl am 26. April 1986. Wir wussten weder, was ein Atomkraftwerk ist, noch wo genau die Ukraine liegt. Unsere Eltern wurden von einem Tag auf den anderen panisch und redeten von einer großen, giftigen Wolke und saurem Regen. Doch wir liebten es, mitten in Regenpfützen zu springen oder Regentropfen mit unserer Zunge aufzufangen. Das durften wir plötzlich nicht mehr. Wir spielten nicht im Sand und sahen protestlos zu, wie unsere Spielplätze gesperrt wurden. Wir putzten unsere Schuhe kräftig an Fußmatten ab und benutzten in Häusern oder im Kindergarten nur noch Hausschuhe. Unsere Eltern waren verunsichert und kauften nun lieber Konserven statt frischem Obst und Gemüse, setzten uns lieber vor den Fernseher statt in den Sandkasten, mieden zunächst Waldspaziergänge und Aktivitäten im Freien.

Die Katastrophe von Tschernobyl

Die größte Umweltkatastrophe des 20. Jahrhunderts ereignete sich am 26. April 1986 im Atomkraftwerk „Tschernobyl" nahe der Stadt Prypjat in der Ukraine (damals Sowjetunion). Bedienungsfehler und technische Mängel lösten eine Explosion im Reaktor des Kernkraftwerks aus. Ein hoher Anteil radioaktiver Materie trat aus. Dies führte zu einer hohen Strahlenbelastung der Umwelt und gesundheitlicher Beeinträchtigung bei einer Vielzahl von Menschen. Die Zahl der Opfer kann nicht genau beziffert werden. Aber mindestens eine halbe Million Menschen soll durch die Katastrophe gesundheitlich geschädigt worden sein.

Die größte Freisetzung radioaktiver Stoffe geschah unmittelbar nach dem Unglück. Insbesondere die Gebiete in Russland, der Ukraine und Weißrussland waren betroffen. Die radioaktive Wolke zog aber auch über Europa, darunter vor allem Skandinavien, Polen, Österreich, Tschechien, Norditalien und Süddeutschland. Insgesamt wurde eine Fläche von 200 000 Quadratkilometern verseucht. Eine mehrwöchige Schönwetterperiode sorgte dafür, dass der radioaktive Staub nach Westen geblasen wurde.

Obwohl die Ukraine erst am 28. April das Ereignis öffentlich machte, konnte die erhöhte Strahlung schon vorher in Schweden gemessen werden.

Der Unfallreaktorblock wurde nach dem Unfall mit mehr als 5000 Tonnen Sand, Lehm und Blei aus der Luft zugeschüttet. Im November 1986 wurde der Reaktorblock mit einer meterdicken Betonhülle umgeben.

Monatelang beschäftigte auch die Deutschen der Unfall. Pilze, Waldbeeren und Wildtiere waren noch lange Zeit nach der Katastrophe teilweise belastet. Die Landwirte mussten die Sommerfütterung der Tiere bis nach den ersten Regenfällen hinauszögern. In der Folge der Katastrophe wurde das Bundesministerium für „Umwelt, Naturschutz und Reaktorsicherheit" in Deutschland gegründet.

„Wind of change"

Am ersten Schultag waren
wir frisch geföhnt.

Fu ruft: „Fara!"

Wir merkten, dass der große Tag der Einschulung immer
näher rückte, z. B. weil wir zum Frisör geschickt wurden.
Da durften wir uns aus einem Katalog mit frisch gefönten
Kinderköpfen einen feschen Schnitt aussuchen. Zur Auswahl standen der flotte „Meckie" (wahlweise blieb eine
gekringelte Strähne lang im Nacken stehen), ein pfiffiger
„Vokuhila-Schnitt" (vorne kurz, hinten lang) oder ein Stan-
dard-Topf-Schnitt mit Lineal-gradem Pony – die Frisuren-
mode galt für Jungen und Mädchen gleichermaßen. Die
Frisöre der 80er sind also schuld, dass wir manche Fotos
bis heute verstecken.

Chronik

6. Juni 1987
Mit 17 Jahren gewinnt Steffi Graf die French Open.

11. Oktober 1987
Der zurückgetretene schleswig-holsteinische Ministerpräsident Uwe Barschel (CDU) wird tot in seinem Genfer Hotelzimmer gefunden. Zuvor berichtete der „Spiegel", Barschel habe den Oppositionsführer Björn Engholm (SPD) bespitzeln lassen.

8. Dezember 1987
Beginn der ersten Intifada, einer anhaltenden gewalttätigen Auseinandersetzung zwischen Palästinensern und der israelischen Armee.

28. August 1988
Bei einer Flugschau auf der Air Base „Ramstein" stoßen drei italienische Jets zusammen. Die brennenden Trümmer stürzen in die Zuschauermenge und töten 70 Menschen, Hunderte werden verletzt.

24. März 1989
Der Öltanker „Exxon Valdez" löst nach einem Unfall vor Süd-Alaska eine der größten Umweltkatastrophen der Seefahrt aus. Mehr als 40 000 Tonnen Rohöl laufen aus.

4. Juni 1989
Das chinesische Militär greift bei einer Studentendemonstration auf dem Platz des Himmlischen Friedens in Peking ein und tötet mehr als 3500 Menschen.

9. November 1989
Mauerfall: Die DDR öffnet die Grenzen zur Bundesrepublik. Das ist der Beginn der deutschen Wiedervereinigung, die offiziell am 3. Oktober 1990 gefeiert wird.

30. November 1989
Alfred Herrhausen, Vorstandssprecher der „Deutschen Bank", kommt bei einem Bombenattentat der Roten Armee Fraktion (RAF) ums Leben.

11. Februar 1990
Der südafrikanische Bürgerrechtler Nelson Mandela wird nach mehr als 27 Jahren aus der Haft entlassen.

8. Juli 1990
Die deutsche Fußball-Nationalelf gewinnt in Rom die Weltmeisterschaft mit einem 1:0 gegen Argentinien.

2. August 1990
„Zweiter Golfkrieg": Irakische Truppen marschieren in Kuwait ein.

Die Eltern reihten sich brav hinter uns auf.

Die nächsten Entscheidungen ließen nicht lange auf sich warten: Sollten wir uns einen Schulranzen mit Federmäppchen von Scout oder doch lieber von McNeill wünschen? Der Füller von Geha, Pelikan oder Lamy? Die Schultüte lieber selbst gebastelt oder mit angesagtem Gummibärchen-Design?

Das Schuloutfit in Oilily oder Esprit? Die Wahl musste wohl überlegt sein, weil man sich so in der Klasse automatisch einer Fraktion zuordnete. Das Markenbewusstsein hatte uns infiziert. Wir wurden über unsere Klamotten oder das Auto unseres Vaters eingeordnet. Einige Accessoires hatten wir fast alle für unser „Büro" zu Hause: z. B. den Stifteigel in Blau oder Gelb und den Stift, bei dem wir die verschiedenen Farben wechselten, indem wir die Mine austauschten.

7. bis 10. Lebensjahr

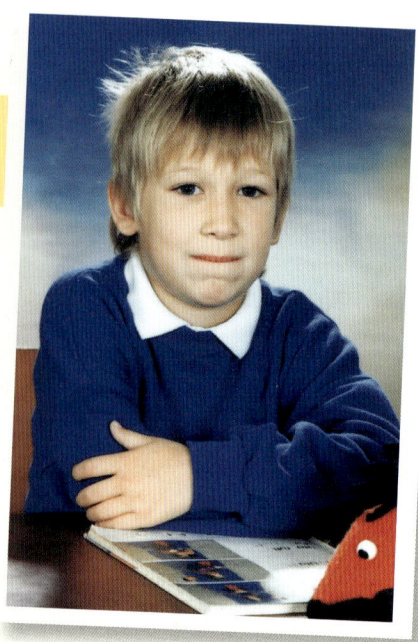

Der orangefarbene Strumpf Fu
brachte uns das Lesen bei.

Beladen mit Schultüte und Ranzen konnte der erste Schultag kommen. Unsere Eltern waren aufgeregter als wir und lauschten andächtig der Rede des Schulleiters in der Aula. Wir wurden erst wieder wach, als unser Name fiel und unsere Klassenlehrerin uns begrüßte. Hatten wir es im Klassenraum geschafft, einen der bekritzelten Tische neben einem Freund oder einer Freundin aus dem Kindergarten zu ergattern, mussten die brav hinter uns postierten Erwachsenen auch schon wieder abziehen. Was jetzt kam, ging nur uns etwas an. Wir bastelten uns Namensschilder und bekamen den Ranzen mit Büchern vollgeladen. Doch nach der Pflicht kam die Kür: Die Schultüte plündern! Darin befanden sich neben Süßigkeiten mit ganz viel Glück die spannenden TKKG-Hörspiele oder, dem Anlass entsprechend, „Rolfs Schulweg-Hitparade". Dank Rolf Zuckowski hatten wir bald bei jedem Zebrastreifen den Ohrwurm „Zebrastreifen, Zebrastreifen, mancher wird dich nie begreifen ..." im Kopf.

Die erste Zeit in der Schule übten wir unsere Handschrift, indem wir kleine Vogelnester in Reihen malten. Wer das am Schönsten machte, bekam einen Stempel. Fünf Stempel bedeuteten hausaufgabenfrei. Dabei haben Lernen und Hausaufgaben uns meist noch Spaß gemacht. Wir liebten fast alles in der Grundschule, nur nicht die Toiletten. Die waren nicht mit dem zu vergleichen, was wir von zu Hause gewohnt waren. Und am Schlimmsten war der Attastaub, der aus dem Spender geschossen kam und an den Händen rubbelte.

War der Ranzen mit verschmierter Banane und Resten vom Anspitzer eingeweiht und die Finger voller Tintenkleckse (die man mit dem Tintenkiller entfernen konnte), waren wir bereit, „Fu" und „Fara" kennen zu lernen. Die orangefarbenen Socken mit den Knopfaugen wurden unsere ersten Vorbilder. Zwei hundeähnliche Strümpfe sollten uns das Lesen beibringen. Dafür bestanden sie Abenteuer und wir mussten sie mühsam erlesen: Uta ruft: „Fara! Fu!"; Mama ruft: „Uta, Uta!"; Ira ruft: „Fu im Hut." Manchmal war es dann doch noch praktisch, wenn unsere Eltern uns spannendere Geschichten vorlasen.

Beginn der Partyzeit

Ein großer Vorteil der Schulzeit war, dass wir nun noch öfter bei Kindergeburtstagen eingeladen waren. Um die Geschenke wie Nici-Stofftiere oder Steinbeck-Tassen kümmerten sich unsere Eltern. Wir mussten nur dafür sorgen, dass wir so spät wie möglich abgeholt wurden.

Bei den Feiern gab es zwei Varianten: Entweder das Geburtstagskind lud nach Hause ein oder zu einem Ausflug ins Spaßbad, zur Kegelbahn oder in den Zoo. Ganz glückliche Gastgeber konnten uns stolz im McDonald's-Restaurant empfangen und durften vor aller Augen selber einen Burger belegen. Damals galt McDonald's noch nicht als ungesund und wir fanden sowieso alles, was aus den USA kam, supertoll. Die Berge von Süßigkeiten, Kalter Hund und Pommes waren bei unseren Geburtstagsfeiern stets riesig – und zum Abschied gab es auch noch eine Süßigkeitentüte für den Nachhauseweg.

Je älter wir wurden, umso interessanter war für uns plötzlich der Partykeller unserer Eltern für die Feiern. Viele Waschküchen waren zu dieser Zeit schon zu Partykellern umfunktioniert worden. Das ging so: Man nehme eine alte Eckbank, klebe Eierkartons an die Wände, bringe eine Holzvertäfelung an, richte eine Theke ein und bringe eine Diskokugel an der Deckenmitte an. Soundtrack dieser ersten Partys unseres Lebens waren „Bravo Hits", „Kuschelrock", David-Hasselhoff-Hits und Roxette. Dazu übten wir uns im Stopptanzen, Lambada oder wir ließen uns widerwillig zum Stehblues zu dem Bangles-Song „Eternal Flame" überreden. Dabei fanden Mädchen die Jungs peinlich und umgekehrt. Das Gekicher war groß, aber bei Geburtstagen musste man da durch.

Beim Kindergeburtstag standen wir im Mittelpunkt.

Becker hechtete jedem Ball nach.

Unsere Sporthelden

Das waren noch Zeiten, als Tennisübertragungen im Fernsehen sogar mit Fußball konkurrieren konnten. Denn die Tenniswunderkinder Boris Becker und Steffi Graf hatten diese Sportart populär gemacht. Wenn die beiden Jungtalente spielten, versammelte sich die ganze Familie bis zu den Großeltern vor dem Fernseher. Wir fieberten bei jedem Ball mit – auch wenn wir das Punktesystem nicht wirklich durchschaut hatten – und jubelten zu den ersten großen Turniersiegen in Wimbledon und Paris. Wir liebten die Wutausbrüche des 17-jährigen „Bum-Bum-Becker", der laut „Scheiße!" rief und seinen zertrümmerten Schläger ins Publikum schleuderte oder wenn er über den Platz rollte und hechtete. Wenn er die Faust ballte, war uns klar, dass er das Spiel bald in der Tasche hatte. Unvergessen bleibt der Überraschungssieg von Wimbledon. Niemand hatte mit dem rothaarigen Jungen gerechnet, der im Endspiel den Südafrikaner Kevin Curren nach einem verlorenen Satz 6:3, 6:7 mit 7:6, 6:4 schlug.

Steffi mochten wir wegen ihrer ruhigen und bescheidenen Art. Ihr blonder Pferdeschwanz und ihre kurzen Röcke sprangen bei jedem Ballschlag energisch in die Luft. Sie brachte die Spiele sicher nach Hause und verlor selten die Fassung.

Beeindruckt waren wir auch von der erfolgreichen Eisprinzessin Katarina Witt. Der Eiskunstläuferin aus der ehemaligen DDR schauten wir gebannt zu, wenn sie schwierige Sprünge perfekt stand. Auch ihr konnten wir nie die Anstrengung bei der Titeljagd anmerken, denn sie war immer gut gelaunt und lachte schallend bei Interviews. Die Mädchen liebten ihre tollen Glitzerkleider. Ältere Jungs sorgten dafür, dass der Playboy mit ihren Fotos eine Rekordauflage erreichte.

Weil sie fast so alt war wie wir, waren wir besonders beeindruckt von der Schwimmerin Franziska van Almsick. Während wir unsere Freizeit genossen, zog sie nach der Schule ihre Bahnen im Schwimmbad. Das bewunderten wir, denn der Schwimmunterricht in der Schule machte selten Spaß. Das harte Training zahlte sich für „Franzi" aus: Sie wurde mehrfache Europa- und Weltmeisterin sowie stolze Besitzerin von Olympia-Medaillen. Damit stellte sie zeitweise sogar das 80er-Jahre-Schwimmidol Michael Groß in den Schatten.

„Leute, es sind Ferien!"

Scheinbar endlos erschienen uns Ferienzeiten. Den ganzen Tag konnten wir machen, was wir wollten: Schule, Ballett und Klavierunterricht fielen aus. Fuhren wir nicht in den Urlaub, ließen wir uns schon nach dem Frühstück von unseren Freunden abholen. Wir schnappten uns unsere BMX-Räder und steuerten ein Schwimmbad oder einen Bolzplatz an. Wir ließen uns erst zu Hause blicken, wenn die Laternen angingen. Auf dem Weg kauften wir von unserem angesparten Taschengeld Mickey-Mouse- und Yps-Hefte (für die Strategen) oder Wendy (für die Pferdeliebhaber). Dazu gab es das erste Wassereis des Tages (für zehn Pfennig), das wir mit den Zähnen aufreißen konnten. Mehrere Arschbomben, Bauchklatscher und Köpper später gönnten wir uns im Schwimmbad eine Portion Pommes rot-weiß und ein Ed-von-Schleck-Eis. Auch danach waren wir noch fit für eine Partie „Mädchen gegen Jungs".

Im Urlaub mussten wir ständig für ein Foto posieren.

Ob mit oder ohne Zähne – das Leben in den Ferien spielte sich draußen ab.

7. bis 10. Lebensjahr

Fuhren wir in den Ferien an die Nordsee oder das erste Mal alleine mit dem Zug zu Verwandten, war uns das auch recht. Hauptsache, wir konnten irgendwo das ZDF-Ferienprogramm sehen. Dafür setzten wir uns auch bei 30 Grad Sonnenschein und blauem Himmel vor die Glotze. Zu Beginn jeder Sendung gab es eine von den Moderatoren mitgesungene Titelmelodie: „Hallo! Leute, es sind Ferien! Alle machen blau von Flensburg bis nach Oberammergau! Denn es sind Ferien und mit viel Tam-Tam und Information steigt wieder unser Ferienprogramm! Unser Ferienprogramm!" Unvergessen bleiben die Origami-Bastelanleitungen von Frau Scheele und die „Tipps für den Drahtesel".

Ausschlafen war uns noch ein Fremdwort: An Sonntagen standen wir sogar schon vor unseren Eltern auf, um den „Li-La-Launebär" mit Metty zu sehen – obwohl wir einen Abend zuvor nach „Duck Tales" noch den Anfang von „Wetten, dass..?" mitgeguckt hatten.

Besonders toll waren die Sommerferien 1990, als wir neben Papa die Fußball-Weltmeisterschaft verfolgten. Als Papa und die Nachbarn im Umkreis laut aufschrien, war uns klar: „Wir sind Weltmeister!" Wir setzten uns überglücklich und stolz auf den Beifahrersitz, als Papa wie ein Irrer durch die Stadt heizte und hupte. An dem Tag waren wir so spät im Bett wie noch nie.

In den Ferien durften wir sogar Auto fahren.

Sammelwahn und Tauschgeschäfte

Neben den Standardhobbys wie Reiten, Fußball und Blockflötespielen, gingen wir in unserer Freizeit diversen Sammel- und Tauschleidenschaften nach. Fast alle sammelten wir Einträge in Poesiealben (eher Mädchen) und Freundschaftsbüchern (eher Jungs). Täglich liefen wir unserem Buch hinterher und nahmen zwei andere mit nach Hause. Dort wurde zuerst uninteressantes

Mit Vokuhila-Frisur machten wir Ferien auf dem Bauernhof.

Basiswissen wie Augenfarbe und Gewicht abgefragt und dann Lieblingsschulfächer, Lieblingstiere und der Traumberuf. Fiel einem nichts ein, schrieb man einfach vom Vorgänger ab. Deshalb häuften sich Einträge wie Schauspielerin, Tierärztin, Polizist und Pilot bei den Berufen, Hund, Katze, Pferd bei den Tieren oder ein listiges „Alles" bei Fragen nach Lieblingsbuch oder -essen.

Dann gab es Zeiten, in denen wir Glanzbilder, Briefmarken und Sticker sammelten und tauschten. Spätestens zu WM-Zeiten aßen wir so viele Duplos wie möglich, um an die Sammelbilder der Fußballstars zu kommen. Wir pflegten das obligatorische Panini-Sammelalbum zum Thema Fußball oder „WWF". Nach einer Zeit hatten wir so viele doppelte Aufkleber angesammelt, dass wir dringend Tauschpartner brauchten: „Völler gegen Klinsmann!" Doch meistens bestellten wir am Ende der Saison dann doch die fehlenden Nummern heimlich nach – um mit dem nächsten Album zu beginnen. Auch beliebt war das Sammeln von Marienkäfern, vierblättrigen Kleeblättern oder Tintenpatronenkugeln.

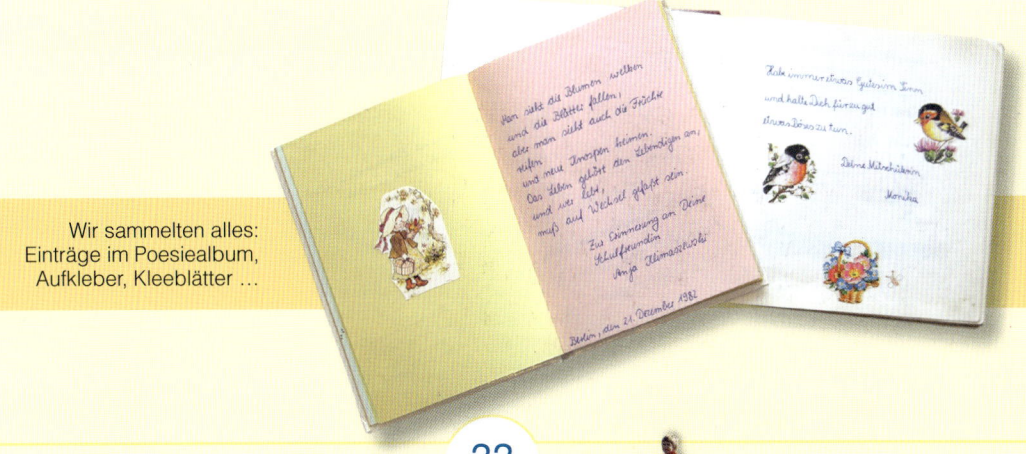

Wir sammelten alles: Einträge im Poesiealbum, Aufkleber, Kleeblätter …

Mit der Playstation und dem Gameboy hielten Computerspiele wie „Super Mario" Einzug in unsere Kinderzimmer und wir feierten ihn auf Schultaschen, T-Shirts und Pins als unseren Helden, der jede Prinzessin rettet. Ablenken konnten uns nur die ersten Heimcomputer, der Commodore 64. Mehr als 17 Millionen Exemplare gingen über den Ladentisch. Wir wünschten uns den C 64 mit dem Vorwand, unsere Hausaufgaben dort besser bearbeiten und Tagebuch schreiben zu können – so wie Doogie Howser, M.D., der 14 Jahre alte Arzt aus der gleichnamigen US-Serie. Unsere Eltern kamen sowieso mit der Technik nicht mit und bemerkten den Schwindel zunächst nicht. Am Ende hockten wir nach der Schule bei dem Glücklichen, der die meisten Spiele auf den empfindlichen Disketten besaß, z. B. „Pac-Man". Dabei mussten wir Punkte in einem Labyrinth fressen, während wir von Gespenstern verfolgt wurden. Schluckten wir eine „Kraftpille", konnten wir für eine

gewisse Zeit nun die Gespenster verfolgen. Waren alle Punkte gefressen, gelangten wir zur nächsten Stufe, bei der alles schneller wurde.

Computerspiele waren in den 80ern noch so neu, dass sie die Bundesprüfstelle für jugendgefährdende Medien überforderten. Die Indizierung der C-64-Spiele war deshalb willkürlich. So kamen neben den Killerspielen „Beach Head" auch eher harmlose Spiele wie „Blue Max" auf den Index.

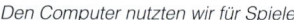

Den Computer nutzten wir für Spiele.

Hauptsache eine Siegerurkunde holen!

Hat eigentlich jemand außer den Sportskanonen aus dem Leichtathletikverein jemals die Bundesjugendspiele gemocht? Die Lehrer verkauften uns dieses Spektakel als den Höhepunkt des Schuljahres. Sie erwarteten uns mit dem Maßband und der Stoppuhr in einem uralten Jogginganzug auf dem Sportplatz, um unsere Weiten zu messen und die Zeiten zu stoppen. Wenn wir nicht irgendeine Krankheit simulieren konnten, stand uns tatsächlich diese lästige Punktejagd bevor. „Bloß eine Siegerurkunde bekommen, besser noch eine Ehrenurkunde!", dachten wir. Um uns nicht zu blamieren, sprangen wir todes-

mutig in die Sandgrube und landeten unsanft auf unserem Hinterteil. Die
Mädchen versuchten irgendwie den „abgegriffelten" Ball mehr als fünf Meter
zu schleudern und die Jungs überboten sich gegenseitig beim Sprint-Früh-
start. Ziel war es, bei den Disziplinen wie Werfen, Weitsprung und Sprint genug
Siegerurkunden-Punkte zu sammeln, um nicht mehr den Dauerlauf am Ende
mitmachen zu müssen. Mit Sport und Motivation hatten die Bundesjugendspiele am Ende nicht viel zu tun: Die effektive Bewegungszeit lag insgesamt
bei etwa zehn Minuten (3-mal springen, 3-mal werfen, 50 Meter sprinten).

Kleider machen Leute

In der Regel war die Klamottenfrage für uns damals nicht so erfreulich. Für
den Alltag suchten unsere Eltern die Jacken, Hosen, Pullover und Schuhe
aus. Entweder sie griffen in die Umzugskartons auf dem Dachboden, wo
noch einige Kinderklamotten unserer Geschwister schlummerten, strickten
selber oder sie brachten uns etwas mit. Die letzten beiden Varianten hatten
zur Folge, dass wir Geschwister oft denselben Pullover trugen – der eine in
Grün, der andere in Blau. Wenn wir Glück hatten, passten uns die Sachen
nicht und wir wurden zum Umtauschen mit in das Kleidergeschäft genom-
men. Dort stürmten wir sofort zu allem, was grell und bedruckt war: Der rosa
Barbie-Pullover, die neongelbe Jacke, der Nietengürtel oder die coolen

Turnschuhe. Die Reaktion unserer Eltern war immer dieselbe: „Was sollen denn die Nachbarn und die Lehrer denken? Außerdem sind die Kleider viel zu teuer!" Wir klammerten uns an unseren Traumpullover und schniefen in den Ärmel, damit Mama und Papa quasi zum Kauf verpflichtet wurden. Wenn nicht gerade unsere Oma vor Ort war, von der wir uns schon einmal eine Anzahlung auf das nächste Geburtstagsgeschenk holen konnten, mussten wir uns geschlagen geben. Unser Taschengeld reichte nicht aus. So blieb es vorerst bei der braunen Cordhose und den „latschigen" Sandalen.

Unser individueller Look:
Zebra-Pyjama mit Gummistiefeln.

Neue Freunde für uns

Das wichtigste politische Ereignis unserer Jugend war die Wiedervereinigung Deutschlands. In der Grundschule gab es zwar noch keinen Politikunterricht, aber unsere Lehrer erklärten uns, warum es zwei deutsche Staaten und eine Mauer gab. Sie versuchten uns deutlich zu machen, welche Bedeutung der Mauerfall und die Wiedervereinigung für uns hatten.

Wir verstanden nicht viel, nickten aber ehrfürchtig und ließen uns von der ausgelassenen Stimmung über das Fernsehen anstecken. Doch am Ende war der Einschnitt für uns persönlich nicht so gravierend. Wir begrüßten den Ronnie oder die Cindy in unserer Klasse und fanden, dass sie eigentlich genauso waren wie wir – auch wenn sie ein bisschen anders sprachen. Erst viel später stellten wir ihnen Fragen zu ihrer Kindheit in der DDR und entdeckten die kleinen Unterschiede.

Die Freude war ungebremst.

Der Weg zur Wiedervereinigung

19. Januar 1989
Partei- und Staatschef Erich Honecker besteht auf den Erhalt der Mauer.

27. Juni 1989
Ungarn lockert seine Grenzen. Der Weg über Österreich nach Deutschland ist durchlässiger und löst in der Folge einen Urlauber- und Flüchtlingsstrom aus.

13. August 1989
Die Botschaft der BRD in Budapest wird wegen des Ansturms von ausreisewilligen DDR-Bürgern geschlossen. Auch die Botschaften in Prag und Warschau werden von Flüchtlingen überrannt.

4. September 1989
Erste Montagsdemonstration in Leipzig. Die Forderungen: „Stasi raus" und „Reisefreiheit statt Massenflucht".

9./10. September 1989
Die landesweite Oppositionsbewegung „Neues Forum" (NF) wird gegründet. Das NF will einen demokratischen Dialog über Reformen eröffnen.

18. Oktober 1989
Erich Honecker tritt zurück und Egon Krenz wird sein Nachfolger.

9. November 1989
Öffnung der Mauer: SED-Politbüromitglied Günter Schabowski verkündet vor laufenden Kameras, dass die DDR die Grenzen öffnet: „Privatreisen nach dem Ausland können ohne Vorliegen von Voraussetzungen (...) beantragt werden. Die Genehmigungen werden kurzfristig erteilt." Um 23.14 Uhr öffnen sich die Schlagbäume am Übergang der Bornholmer Straße. Über das Wochenende besuchen etwa drei Millionen DDR-Bürger die BRD. Jeder Besucher bekommt 100 Mark Begrüßungsgeld.

3. Dezember 1989
Das neu gewählte Politbüro der SED mit Egon Krenz als Generalsekretär tritt geschlossen zurück. Auf Massendemonstrationen werden zunehmend Meinungsverschiedenheiten zwischen Gegnern und Anhängern der deutschen Wiedervereinigung ausgetragen.

8. Januar 1990
Die Demonstranten in Leipzig bekennen sich überwiegend zur deutschen Einheit.

15. Januar 1990
Demonstranten stürmen die Stasizentrale in Ostberlin.

Februar 1990
Gespräche von Helmut Kohl, Michail S. Gorbatschow und Ministerpräsident Hans Modrow (PDS) über die deutsche Einheit intensivieren sich.

5. April 1990
Die erste frei gewählte Volkskammer der DDR konstituiert sich im „Palast der Republik".

12. April 1990
Lothar de Maizière (CDU) wird Ministerpräsident der DDR.

1. Juli 1990
Die Währungs-, Wirtschafts- und Sozialunion zwischen BRD und DDR tritt in Kraft.

31. August 1990
Der Einigungsvertrag wird von den Vertretern der beiden Regierungen unterzeichnet und anschließend im Bundesrat und der Volkskammer verabschiedet.

3. Oktober 1990
Offizieller Tag der Deutschen Einheit.

 7. bis 10. Lebensjahr

„Smells like teen spirit"

Wieder klein

Gerade waren wir noch die Ältesten an der Grundschule, traten erfahren und selbstbewusst auf dem Pausenhof auf, da wurden wir nach den großen Ferien plötzlich wieder zu den niedlichen Kleinen auf der Gesamtschule, dem Gymnasium, der Real- oder Hauptschule. Einige unserer Mitschüler von der Grundschule waren uns geblieben, manchmal wurden wir auf andere Klassen verteilt. Doch bald war die erste Scheu verflogen und wir erkundeten aufgeregt das neue Schulgelände. Die Räume waren viel größer, die Schultage wurden anstrengender und die Fächer mit Englisch oder Geschichte abwechslungsreicher. Der direkte Weg zum Größerwerden zeigte sich in kleinen Details: Es gab keinen „Kakaodienst" mehr, der jeden Tag zur großen Pause Kakao, Milch und Vanillemilch für uns holte, dafür aber einen „Klassenbuchdienst". Der hatte die

Chronik

20. Juni 1991
Der Bundestag beschließt seinen Umzug von Bonn nach Berlin.

19. September 1991
Die 5000 Jahre alte mumifizierte Leiche von „Ötzi" wird auf einem Gletscher im Ötztal gefunden.

6. Dezember 1991
Die erste Folge der US-Erfolgsserie „The Simpsons" wird im ZDF ausgestrahlt.

26. Dezember 1991
Der Vielvölkerstaat „Union der Sozialistischen Sowjetrepubliken" wird aufgelöst.

12. April 1992
Das Disneyland eröffnet in Paris.

23. November 1992
Nach den ausländerfeindlichen Krawallen durch Rechtsextremisten in Rostock im August gipfelt der Fremdenhass in einem Brandanschlag auf zwei Wohnhäuser in Mölln durch Rechtsradikale, bei dem eine türkische Frau und zwei Mädchen sterben.

20. Januar 1993
Bill Clinton tritt sein Amt als Präsident der USA an.

26. Mai 1993
Die Bundesregierung ändert den Artikel 16 des Grundgesetzes, das Recht auf Asyl. Drei Tage später erfolgt der Mordanschlag in Solingen, bei dem zwei türkische Frauen und drei Kinder in einem in Brand gesetzten Zweifamilienhaus sterben.

1. Juli 1993
In Deutschland werden fünfstellige Postleitzahlen eingeführt.

6./7. April 1994
Der Genozid an den Tutsi und Hutu in Ruanda kostet innerhalb von 100 Tagen bis zu einer Million Menschen das Leben.

28. September 1994
Die Ostseefähre MS Estonia sinkt auf ihrem Weg von Tallinn nach Stockholm. Mit rund 900 Opfern ist dies das schwerste Schiffsunglück der europäischen Nachkriegsgeschichte.

In der „Bravo" lasen wir alles über unsere Helden.

alleinige Verantwortung für das wichtige, grüne Buch, in dem man einen Eintrag bekommen konnte. Niemand kam mehr mit einem Ranzen zur Schule, dafür waren jetzt lässige Rucksäcke von Eastpak angesagt. Es kristallisierte sich heraus, wer zu den Strebern gehörte (oder wer schon den Sprung zum „Coolsein" geschafft hatte (letzte Reihe, Markenklamotten und immer die neuste „Bravo" unter dem Tisch). Die Zeit bis zur „geilen" Oberstufe, in der die Schüler ihre Entschuldigungen selbst schrieben, erschien uns aber noch endlos.

Erste musikalische Gehversuche

Für unsere TKKG-Hörspiele fühlten wir uns nun zu alt, und da wir jetzt mehr Taschengeld bekamen, wurde „Musik kaufen gehen" zu einem neuen gemeinsamen Hobby nach der Schule. Wir waren mit unserem Musikgeschmack zunächst nicht so wählerisch und orientierten uns an den Charts. Anfang der 90er-Jahre fuhren wir deshalb voll auf die „Eurotrash (oder Eurodance)-Welle", auch Kirmestechno genannt, ab. Wir liebten Dr. Alban und zwängten uns ungeniert in neonfarbene Radlerhöschen. In unseren CD-Spielern drehte sich pausenlos die Musik von Snap, Haddaway, Culture Beat, DJ Bobo und später Rednex und Mr. President. Die Chartshits konnten wir in der „Mini Playback Show" mit Marijke Amado hören. Wir veranstalteten auch regelmäßig unsere eigenen „Mini Playback Shows" in den Klamotten unserer großen Geschwister oder Eltern. Die Songtexte fanden wir in der Zeitschrift Bravo. Erst als es den deutschen Musiksender VIVA gab, konnten wir die Charts öfter im Fernsehen verfolgen.

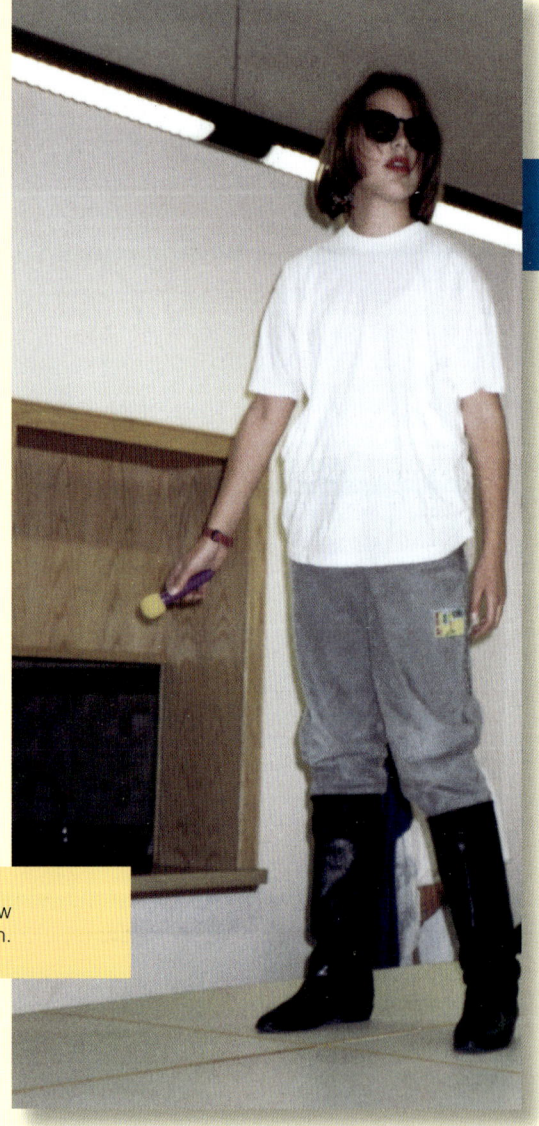

Bei der Mini Playback Show fühlten wir uns erwachsen.

Echte Kumpel bei VIVA:
Phil Daub, Heike Makatsch und Nils Bokelberg.

Musik im Fernsehen

Auch ein 81er-Geburtstagskind ist MTV (Music Television): Am 1. August 1981 eröffnete der Musiksender mit „Video Killed the Radio Star" von den Buggles in den USA sein Spartenprogramm. Zum ersten Mal gab es einen eigenen Fernsehsender nur für Musik. Zunächst waren Musikvideos Hauptbestandteil des Programms, wobei es damals nur rund 170 Videoclips (davon alleine 30 von Rod Stewart) gab. Die Anfangszeit war wenig erfolgreich und von vielen technischen Pannen begleitet. Doch MTV wurde zunehmend professioneller; und die Musikindustrie entdeckte den Sender als Werbeplattform. Michael Jackson oder Madonna verdanken ihren weltweiten Erfolg vor allem dem Musikfernsehen. Lange musste MTV kämpfen, damit wir in Deutschland auch endlich das Programm sehen konnten. Die deutsche Musikindus-

trie hatte Angst vor der Amerikanisierung der Szene und sträubte sich gegen den Sender. Erst ab 1997 sendete MTV auch im deutschen Fernsehen.

1993 war die Geburtsstunde des deutschen Musiksender VIVA. Das Programm sollte ein Gegenpol zu MTV sein und deutschen Künstlern vermehrt ein Forum für ihre Musik bieten. Das erste Video war deshalb „Zu geil für diese Welt" von der deutschen Hip-Hop-Band Die Fantastischen Vier. Schnell erreichte VIVA bei uns Kultstatus. Die Moderatoren vermittelten uns ein Kumpelgefühl: Dem damaligen „Ober-Girlie" Heike Makatsch oder dem „Ober-Grunger" Nils Bokelberg haben wir mehr geglaubt als unseren Eltern. Wir liebten die freche Sendung „Vivasion" mit Stefan Raab und „Interaktiv" mit dem knallroten Mund, aus dem Faxe quollen.

Fan und modisch sein

Keine Phase unseres Lebens war so geprägt vom Fankult. Auf dem Weg zum Erwachsenwerden suchten wir uns aus, wie wir gerne wären und wen wir gerne treffen würden. Damit alle wussten, wen wir „cool" und „geil" fanden, brachten wir die Barbie und den He-Man in den Keller, nahmen die Kitschposter mit Sonnenuntergängen und Regenbögen von den Wänden. Im Gegenzug pflasterten wir unsere Raufasertapeten sowie unsere hellen Kiefernmöbel mit Postern unserer Lieblingsstars. Wir legten ganze Fan-Ordner mit Ausschnitten aus Bravo und Hit an, schrieben die Namen unserer Idole auf unsere Schultaschen und Federmäppchen und träumten jede Nacht davon, unsere Stars live zu erleben. Wir bastelten meterlange Fanbriefe und waren überzeugt, dass sie jemand liest und uns antwortet. Gerade auf der weiterführenden Schule angekommen, passten wir deshalb besonders im Englischunterricht auf – sprachen doch unsere Idole fast alle Englisch und lebten in den USA oder in Großbritannien.

So wie in der Musik kamen und gingen die Trends auch in der Mode, und kaum dass alle ein Holzfällerhemd, eine Swatch-Uhr, einen Zick-Zack-Scheitel, Dr. Martens, ein Bauchnabelpiercing, eine Steißtätowierung oder Freundschafts- und Knallarmbänder hatten, gab es schon wieder etwas Neues. Der Style der Skater- und Surferszene wurde zum beliebten Look und die Modekette H&M zu unserem lang ersehnten Grundausstatter für Klamotten.

Für unsere Stars war
uns nichts zu peinlich.

Mit Take That begann für viele
von uns die Boygroup-Ära.

Girls and Boys

Ein Phänomen der 90er
waren Boy- und Girl-
groups. New Kids on the
Block hatten wir manchmal
im CD-Player unserer
älteren Geschwister
heimlich gehört. Als Take
That und später auch die
Spice Girls die Charts
eroberten, kauften wir unsere eigenen CDs und hüteten sie wie einen Schatz.
Jeder hatte seinen Liebling: Die Mädchen rissen sich um den Starschnitt von
Robbie, die Jungs himmelten Baby Spice Emma an. Der Höhepunkt unseres
Fan-Daseins war der Besuch eines Live-Konzerts. Wir warfen uns in unsere
schönsten Radler-Leggings und drängten uns in die ersten Reihen. Dort ließen
wir uns kreischend und weinend fast zerquetschen, um Fotos mit Papas
Kamera zu machen. Am Ende brauchte man viel Phantasie, um unsere Stars
auf den Bildern zu entdecken. Die Jungs hassten damals alle Boygroups und
auch den Hype um Brad Pitt. Später gestanden sie, eifersüchtig gewesen zu
sein, weil wir uns in dem Alter eher für Stars oder die Jungs aus der Oberstufe
interessierten als für sie.

Supermodels und Fitnesswahn

In den 90ern war es wichtig, sich von der breiten Masse abzuheben. Ob Girlie oder Grunge-Look – Aussehen und Stilbewusstsein wurden immer wichtiger. Impulse kamen aus der Musikszene oder von berühmten Schauspielern – und auch von den Laufstegschönheiten. Einigen Gesichtern konnten wir nicht entkommen: Claudia Schiffer und andere Fotomodelle ihrer Generation wie Cindy Crawford, Naomi Campbell und Christy Turlington erlangten während der sogenannten Supermodel-Ära zwischen Ende der 80er-Jahre und den frühen 90ern weltweite Berühmtheit. Die Models waren nicht länger nur „Kleiderständer", sondern prägten mit ihrem Image und Stil ganze Kampagnen. Sie entschieden sich für bestimmte Fotografen und Labels, die sie präsentieren wollten. Einige von ihnen traten im Videoclip zu George Michaels Hit „Too Funky" (1992) wie Ikonen auf. Ob etwa Linda Evangelista im schrillen Aerobic-Look oder Claudia Schiffer mit frechem Leoparden-Mützchen – die Models verdienten viel Geld und waren Vorbilder für uns. Auch wir wollten mit den Schönheiten mithalten. So setzte bei uns der Fitnessstudiowahn ein. Überall eröffneten Fitnesstempel, in denen wir schwitzten. Die Jungs aus unserer Klasse wollten mit mehr Muskeln älter wirken, und wir wollten die Jungen aus der Oberstufe beeindrucken.

Claudia Schiffer war unser Supermodel.

Tägliche Unterhaltung

Zwei neue Fernsehformate strukturierten unsere Freizeit am Anfang der 90er: Die „Daily Soaps" und die „Daily Talks". Tägliche TV-Serien spiegelten den jugendlichen Alltag wider. Wir legten unsere Freizeitaktivitäten so, dass wir wochentags auf RTL „Gute Zeiten, schlechte Zeiten" anschauen konnten. Später kamen „Verbotene Liebe" und „Marienhof" (ARD) dazu. Besonders interessant waren die dramatischen oder geheimen Liebesgeschichten, die im wahren Leben nie so spannend waren. Die Serien endeten immer an der aufregendsten Stelle, damit wir auch am nächsten Tag wieder gezwungen waren, einzuschalten.

Nachmittags staunten wir bei den Talkshows „Hans Meiser" (RTL) oder „Arabella" (ProSieben) darüber, wie Leute sich vor laufenden Kameras offenbarten. Da waren Superdicke, die im Bikini auftraten, und Mütter, die unter zehn möglichen Vätern den biologisch richtigen suchten oder Typen mit fünf Freundinnen gleichzeitig. Die Talkshows lieferten uns den Schulklatsch.

Kinofilme der 90er-Jahre

„Pretty Woman" (1990)
„Kevin – Allein zu Haus" (1991)
„Basic Instinct" (1992)
„Schindlers Liste" (1993)
„Jurassic Park" (1993)
„Pulp Fiction" (1994)

„König der Löwen" (1994)
„Während du schliefst" (1995)
„Men in Black" (1997)
„Titanic" (1998)
„Lola rennt" (1998)
„Star Wars" (1999)

„Kevin – Allein zu Haus" haben wir alle gesehen.

Erste Schatten

1991 fiel der Rosenmontagszug in vielen Karnevalshochburgen aus. Niemand
hatte Lust aufs Feiern, weil in Nahost ein grausamer Krieg ausgefochten wurde.
Mit dem Einmarsch des Irak nach Kuwait hatte der Zweite Golfkrieg begonnen.
Zum ersten Mal verfolgten wir bewusst die „Tagesschau" im Fernsehen. Wir
sahen dunkle, verwackelte Bilder, in denen grüne Lichtblitze aufflackerten. Wir
sahen Kinder in unserem Alter mit ihren Eltern und Geschwistern durch stau-
bige Straßen rennen. Weinend und blutend. Wir waren tief betroffen und fragten
besorgt unsere Eltern: „Kommt der Krieg jetzt auch zu uns? Wie weit können
Bomben fliegen?" In der Schule folgten wir gebannt wie selten den Erklärungen
der Lehrer und waren uns schnell einig: „Der Krieg muss aufhören!" Wir wollten
für den Frieden kämpfen. Deshalb nahmen wir voller Überzeugung an unserer
ersten Demonstration teil und zündeten Kerzen an.

Auch als die rechtsextreme Szene Anschläge in Deutschland verübte, waren
wir tief betroffen. In der Nacht auf den 23. November 1992 wurden in der
Kleinstadt Mölln zwei Häuser in Brand gesetzt, in denen türkische Familien

Der Golfkrieg rüttelte uns wach.

46

wohnten. Es starben drei Menschen, darunter auch Jugendliche. Am 29. Mai 1993 kamen fünf Menschen bei einem Brandanschlag in Solingen ums Leben. In den Nachrichten hörten wir sehr oft von weiteren Übergriffen auf Ausländer. Schon früh hatten wir in der Schule viel über die Verbrechen Deutschlands während des Zweiten Weltkriegs erfahren. Wir lehnten rechtsextreme Gewalt und die Neonaziszene ab. Deshalb war es für uns wichtig, auch gegen Ausländerfeindlichkeit auf die Straße zu gehen und „Nazis raus"-Sticker an unseren Rucksäcken zu befestigen.

Der Golfkrieg und die ausländerfeindlichen Übergriffe öffneten uns die Augen. Unsere kindliche Unbeschwertheit war verflogen, unser kritisches Bewusstsein erwachte.

Krisenherd am Golf

Rund zwei Jahre nach dem Ende des Ersten Golfkriegs besetzte der Irak im August 1990 das kleine Emirat Kuwait und provozierte den Zweiten Golfkrieg. Anlass war ein Streit um kuwaitische Ölbohrungen, die angeblich unter der irakisch-kuwaitischen Grenze hindurch geführt worden waren. Das irakische Staatsoberhaupt Saddam Hussein wollte Kuwait dem Irak angliedern. Kuwait war seit 1961 unabhängig. Hintergrund war unter anderem, dass der Irak bei dem reichen Nachbarn hoch verschuldet war.

Eine vom UN-Sicherheitsrat beauftragte Kriegsallianz, zu der neben den USA auch Ägypten und Syrien gehörten, befreite Kuwait schließlich. Der 11. April 1991 war das formelle Ende des Zweiten Golfkriegs. Irak hatte die Bedingungen des Sicherheitsrates akzeptiert. Die Befreiung blieb jedoch umstritten, da die irakischen Soldaten noch auf ihrem

Rückzug bombardiert wurden. Zudem blieb Saddam Hussein an der Macht.

Im Nachhinein wurde auch die Einschränkung der Pressefreiheit kritisiert. Die Medien erhielten die meisten Informationen vom US-Militär. Nur ausgewählte Journalisten bekamen Zugang dazu und unterlagen einer nachträglichen Zensur. Dieses Vorgehen sollte vordergründig verhindern, dass der Irak an bestimmte Informationen kam. Gleichzeitig war die Medienpräsenz hoch und die Art der Berichterstattung durch neue Übertragungstechniken revolutionär. CNN konnte live aus der Krisenregion berichten und Bilder liefern. Der Zweite Golfkrieg nahm vielen die Illusion einer friedlichen Welt nach dem Ende des Kalten Krieges. Weltweit gingen Millionen Menschen auf die Straßen und demonstrierten unter dem Motto „Kein Blut für Öl".

Die kleine Freiheit

Auf dem Weg zum Erwachsenwerden gab es viele Altershürden, die wir nehmen mussten. Mit 14 durften wir zwar längst im Auto vorne neben Papa sitzen, doch selber fahren konnten wir höchstens beim Autoscooter. Bis zum legalen Rauchen und Biertrinken dauerte es auch noch zwei Jahre und die Türsteher wimmelten uns schon vor der Disko ab. Eine Hoffnung auf ein bisschen Weggehen (neben den Partykellern unserer Freunde) und laute Musik gab es aber: die Tanzschule. Dazu mussten wir zwar unsere mühevoll von den Eltern erbettelten Vans- und Converse-Turnschuhe („Für solche Stoffschuhe geben wir nicht so viel Geld aus.") in uncoole Treter mit glatten Ledersohlen umtauschen. Zum Ausgleich schminkten wir Mädchen uns noch schnell auf der Damentoilette. Kaugummis und Schlabberlook sah

Die Jungs blieben unter sich.

unsere strenge Tanzlehrerin nicht gerne. Wollten wir nicht gerade beginnen, allen Vorschriften zu entkommen? Ja, aber wir ließen uns beim Foxtrott und Rumba von unliebsamen Partnern auf die Schuhe treten, damit wir einmal in der Woche zur Tanzschuldisko gehen konnten.

In Grüppchen, Mädchen und Jungs meist getrennt, saßen wir um die Tanzfläche und sprangen auf, wenn unsere Musikrichtung aufgelegt wurde. Dabei wechselten sich Techno, Pop und Grunge ab. Wenn es „Hyper, Hyper" durch den Saal schallte und die Lichtorgel angeworfen wurde, lief die Techno-Fraktion auf die Tanzfläche und zuckte zu der elektronischen Musik. Die Jungs hatten kurz rasierte Haare (bis auf eine kleine Strähne im Nacken) und die Mädels trugen den Bob im Nacken ausrasiert und hatten vorne einen Zick-Zack-Scheitel gezogen. Das „Love, Peace & Happiness"-Motto der Techno-Bewegung sollte uns auch noch die nächsten Jahre begleiten. Dröhnte Nirvana oder Guns N' Roses aus den Lautsprechern, drängten die lässigen Jungs mit Kapuzenpulli und zerrissenen Levi's-501-Jeans aufs Parkett, sprangen sich gegenseitig an und schüttelten ihre langen Mähnen. Ruhiger wurde es erst wieder bei Oasis, zu Alanis Morissette trauten sich auch Frauen auf die Tanzfläche. Ertönte „Macarena", stellten sich die Mädels zum Formationstanz auf und wackelten mit ihren Hüften. Nur wenn die Musik der Kelly Family erklang, rannten die meisten entsetzt auf ihre Plätze und nur die hartgesottenen Fans wiegten sich zu „Angel". Natürlich hielt uns auch das Dirty-Dancing-Fieber immer noch in seinem Bann und wir übten die Hebefigur mit unserem Tanzpartner. Um Punkt 23 Uhr war Schluss und unsere Eltern holten uns zwei Straßenecken entfernt vom Eingang ab („Bitte nicht direkt vor der Tür halten, Papa!"). Im Bett fiepte es zwar in unseren Ohren von der lauten Musik, aber wir freuten uns schon auf die nächste Woche. Dann sollte uns endlich unser heimlicher Schwarm zum Stehblues auffordern.

So brav gaben wir uns nur auf dem Tanzstundenabschlussball.

Aufklärung für Große

Im Kindergarten ging es bei der Aufklärung um Zähneputzen und Verkehrsregeln. Da hatten es unsere Eltern einfach. Bei dem Thema „Liebe und Sex" sah das anders aus: Die sexuelle Aufklärung überließen sie gerne dem Biologielehrer. Der benutzte aber viel zu komplizierte Formulierungen wie „Koitus", und beschränkte sich auf die langweiligeren Punkte der Sexualität, insbesondere auf das Thema Verhütung. Wir mussten zum Beispiel ein Kondom über ein Holzmodell ziehen.

Jungs und Mädchen interessierten sich nun füreinander,
Liebe wurde ein großes Thema für uns.

Die Tipps waren nicht mehr neu für uns: Wir kannten die Ratschläge von
Dr. Sommer aus der Rubrik „Liebe, Sex und Zärtlichkeit" in der Bravo. Hinter
den Antworten steckte tatsächlich ein echter Doktor: Bis 1984 beantwortete
Dr. Martin Goldstein die unzähligen Briefe zu seinem Spezialthema. Später
wurde uns aber klar, dass „Dr. Sommer" nicht nur ein einzelner Mensch
gewesen sein konnte. Die Antworten kamen von einem ganzen Team von
Beratern, das sich um die vielen Anfragen kümmerte. In Hochphasen waren
das bis zu 5000 Zuschriften, die beantwortet werden mussten.

Eine Auswahl der Leserpost stand dann in der Zeitschrift. Sobald jemand
eine Bravo besaß, lasen wir uns laut die Fragen und Antworten in den Schul-
pausen vor. Dabei versteckten wir uns vor den Lehrern, weil manche das Heft
beschlagnahmten. Schließlich lenkte der Inhalt uns ab. Das Gekicher war groß,
wenn es um Themen wie Selbstbefriedigung oder die Erfahrungen beim
„ersten Mal" ging.

Die Mumie aus dem Eis

Eine wissenschaftliche Sensation unserer Jugend war der Fund der 5300 Jahre alten Mumie Ötzi. Die Leiche des Mannes ist die besterhaltene aus der Zeit um 3340 vor Christus in Mitteleuropa. Der Körper wurde auf natürliche Weise konserviert und überstand auf 3210 Metern in einer Gletscher-Querrinne die Jahrtausende. Als sich der Gletscher zurückzog, gab die Eisdecke eine Mumie frei.

Am 19. September 1991 entdeckten zwei deutsche Bergwanderer die konservierte Leiche in der Grenzregion zwischen Nord- und Südtirol in den Ötztaler Alpen.

Die Mumie aus dem Eis war vermutlich eines der ältesten Mordopfer, das wir kennen. Ein Krimi aus der Kupferzeit. Ötzi starb im Alter von etwa 40 bis 53 Jahren durch einen Pfeil mit einer Feuerstein-Spitze. Kurz vor seinem Tod war er in eine Auseinandersetzung verwickelt. Der Mann war etwa 1,60 Meter groß, hatte blaue Augen und dunkelbraune Haare.

Er trug eine Jacke aus Ziegenfell, die Schuhsohlen waren aus Braunbärleder gefertigt, das Oberteil aus Hirschleder. Neben der Bekleidung fanden die Wissenschaftler auch Gebrauchsgegenstände, darunter ein Kupferbeil und einen Dolch. Außerdem trug Ötzi Feuersteine und Zunder mit sich, ein steinzeitliches Feuerzeug.

Der Mann aus dem Eis ist im Südtiroler Archäologiemuseum in Bozen ausgestellt. Um Ötzi zu konservieren, mussten neue Kühltechniken entwickelt werden.

Rekonstruktion des 5300 Jahre alten Ötzi im Archäologiemuseum in Bozen.

11. bis 14. Lebensjahr

„Big, **big world**"

Telefonitis und kleine Probleme

Als unsere Eltern anfingen, schwierig zu werden, befanden wir uns mitten in der Pubertät. Alle Fragen zu Noten in der Schule, Liebe und der Musik in unserer Stereoanlage waren uns „superlästig". Alle Versuche, uns über Alkohol, Sex, Drogen und Verantwortung aufzuklären, fanden wir „megapeinlich". Schließlich waren wir längst durch Bravo informiert über das „erste Mal", wir übernahmen Verantwortung für unser Tamagochi-Ei und unsere Freunde waren sowieso für viele Probleme einfach eine bessere Anlaufstelle. Die Beziehung zu unseren Eltern glich einem Pulverfass. Streitthemen gab es genug: Klamotten, Ausgehen, Mithilfe im Haushalt, Freunde und Schulnoten. Die Maßnahmen unserer Eltern wirkten zum Teil hilflos: Sie zogen regelmäßig den Stecker, wenn wir wieder einen Telefonitis-Anfall hatten. Doch wir waren schließlich auf dem

Chronik

17. Juni 1995
Das Künstlerehepaar Christo und Jeanne-Claude verhüllten den Berliner Reichstag.

3. Oktober 1995
Der Schauspieler und US-Football-Star O. J. Simpson wird in einem spektakulären Prozess von dem Verdacht freigesprochen, seine Frau und deren Geliebten umgebracht zu haben.

21. November 1995
Das Dayton-Abkommen beendet den Balkankrieg.

30. Juni 1996
Die deutsche Fußball-Nationalmannschaft wird mit dem ersten Golden Goal durch Oliver Bierhoff Europameister in England.

5. Juli 1996
Das walisische Bergschaf Dolly kommt auf die Welt. Es ist das erste Säugetier, das durch ein Klonverfahren erzeugt wurde.

27. Juli 1997
Der Profi-Radrennfahrer Jan Ullrich gewinnt als erster Deutscher mit 23 Jahren die Tour de France.

31. August und 5. September 1997
Wenige Tage nach dem Tod von Prinzessin Diana stirbt die Friedensnobelpreisträgerin Mutter Teresa mit 87 Jahren in Kalkutta.

21. Januar 1998
„Monicagate": Die Affäre der Praktikantin im Weißen Haus, Monica Lewinsky, und dem US-amerikanischen Präsidenten Bill Clinton wird bekannt.

27. Oktober 1998
Ende der Ära Kohl: Gerhard Schröder (SPD) wird der siebte Bundeskanzler der Bundesrepublik Deutschland.

11. August 1999
Eine totale Sonnenfinsternis ist über Zentraleuropa zu sehen.

17. August 1999
Bei einem Erdbeben mit der Stärke 7,8 in Gölcük/Izmit (Türkei) kommen mehr als 24 000 Menschen ums Leben.

Ein klarer Fall von Telefonitis.

Weg, eigene Persönlichkeiten zu werden. Wichtige Dinge mussten sofort über das Telefon mitgeteilt und diskutiert werden. Dazu zählte vor allem, wer mit wem ging oder gerade Schluss gemacht hatte, wen man süß oder cool fand und wie man es der heimlichen Flamme mitteilen konnte. Wechselnde Paarkombinationen, die auf dem Schulhof Händchen hielten oder knutschten, für uns alltäglich. Im Nachteil waren diejenigen von uns, denen noch eine Zahnspangendose um den Hals baumelte oder bei denen die Pickel besonders stark sprossen.

Erstes Diskogefühl

In einem Punkt waren die Großstädter gegenüber den Landeiern besonders im Vorteil: Sie hatten die richtigen Diskos vor ihrer Haustür. Wenn wir Landeier die Schnauze voll von Scheunen- und Schützenbällen mit immer denselben Leuten hatten, mussten wir jemanden mit Auto und Führerschein auftreiben. Bestenfalls sah der auch noch so erwachsen aus, dass wir problemlos an den Türstehern vorbeikamen – und nicht schon um 24 Uhr vor die Tür gesetzt wurden. Bei Ausweiskontrollen waren wir natürlich automatisch unterlegen. Aber meistens mussten wir an der Tür nur ganz schnell unser Geburtsdatum sagen. Darauf waren wir natürlich vorbereitet und machten uns einfach ein Jahr älter.

Das erste Mal in der Disko waren wir völlig überfordert: Die laute Musik, die dröhnenden Bässe, die vielen tanzenden Menschen in unterschiedlichen Tanzsälen. Aber bald ließen wir uns in der Menge treiben und blieben in dem Raum, wo uns die Musik am besten gefiel. Hier konnten wir gleich unseren „Marktwert" testen und waren irgendwie stolz, wenn wir angesprochen wurden: „Du tanzt ja toll!" – „Du hast schöne Augen!" – „Wie alt bist du?" Wir glaubten tatsächlich noch, den Mann oder die Frau des Lebens lernt man in einer Disko kennen.

Ob bei Abipartys oder den ersten Diskobesuchen – wir feierten ausgiebig.

Der tragische Tod von Lady Di

In unserem Geburtsjahr heiratete Diana Prinz Charles. Während unserer Jugend begleitete das Bild der beliebten Prinzessin uns im Fernsehen und in der Klatschpresse. Diana wurde auf Schritt und Tritt von Reportern und Paparazzi verfolgt. Frisch von Charles geschieden und neu liiert, kam sie am 31. August 1997 bei einem tragischen Autounfall ums Leben. Lady Di war mit ihrem neuen Lebensgefährten Dodi al-Fayed auf der Flucht vor Fotografen in Paris. Bei hoher Geschwindigkeit prallte das Auto gegen einen Tunnelpfeiler in einer Unterführung. Der Tod der „Prinzessin der Herzen" und ihres Geliebten rührte die Leute weltweit. Dianas enger Freund Elton John schrieb seine Ballade „Candle in the wind" für sie um und sang sie bei der Trauerfeier am 6. September in der Westminster Abbey. Auf Grund des öffentlichen Drucks wurde gegen den

Lady Di's Tod rührte die ganze Welt.

Wunsch von Königin Elisabeth II. angeordnet, während der Trauerfeier die Flagge auf dem Buckingham Palace auf halbmast zu setzen. Etwa drei Millionen Menschen sahen den Trauerzug durch London. Mehr als 2,5 Milliarden Menschen verfolgten weltweit die Trauerfeier im Fernsehen. Diana wurde anschließend im engsten Familienkreis auf dem Familiensitz der Spencers beigesetzt.

Lehre oder Abi?

Ein Teil von uns musste nach der mittleren Reife nicht mehr die Schulbank drücken. Wer sich für eine Lehre entschieden hatte, konnte die Arbeitswelt kennenlernen. Die Lehre beim Bäcker, Friseur oder Steuerberater strukturierte ab sofort den Alltag. Plötzlich mussten die Azubis erwachsener sein. Sie mussten immer ordentliche Kleidung tragen und höflich zu den Vorgesetzten sein. Die Berufsschule war da manchmal eine echte Erholung gegenüber der Arbeitszeit, in der der Chef stresste und es nur wenige Pausen gab. Die Auszubildenden verdienten ihr erstes eigenes Geld und waren viel näher an der Praxis als die zukünftigen Abiturienten.

Dafür hatten die Gymnasiasten endlich die Oberstufe erreicht. Das bedeutete zwar, kein Hitzefrei mehr zu haben, aber dafür waren sie nun die „Coolen".

Mit der Klasse in Prag.

Wir waren das letzte Mal im Klassenverband unterwegs.

Klassen-abschiedsfahrt

Auf Kursfahrten oder Schulaustauschfahrten in der Oberstufe war vieles so wie bei den ersten Fahrten ins Landschulheim: Auf der Rückbank des

Busses saßen die „Coolen" zusammen. Schon während der Fahrt nach Prag, Paris oder Weimar entbrannten Diskussionen um die Zimmeraufteilung. Mindestens ein Mädchen brach in Tränen aus und ein Junge musste sich übergeben. Am Zielort angekommen, wurden die Nächte zum Tag und die Tage zu einer schläfrigen Pflichtbesichtigungstour. Die Touristenführer waren nie zu beneiden. Wir hatten die ganze Nacht „Wahrheit oder Pflicht" gespielt und bekamen so heraus, wer in wen verliebt war. So fanden sich noch auf den letzten Drücker ein paar Schulpärchen oder trennten sich für immer. Die Lehrer gönnten sich abends ein bis zwei Gläser Wein in Hausschuhen und wurden plötzlich ganz umgänglich. Mindestens zwei Schüler mussten von ihren Eltern abgeholt werden oder bekamen dies angedroht: Der eine war krank, der andere hatte zu viel getrunken. Und irgendwer fiel am Ende aus dem Stockbett.

Bei den Stadtführungen mussten wir versuchen, wach zu bleiben.

„All inclusive", aber ohne Eltern

Mehr Freiheiten genossen wir bei unserem ersten eigenen Urlaub ohne Eltern oder Ferienlagerzwänge. „All inclusive" war das Zauberwort der 90er: Getränke, Essen, Sonne und Party bis zum Umfallen in einer Clubanlage – so verbrachten viele von uns den ersten Urlaub mit Freunden. Ziel war es, so braun wie möglich wiederzukommen und keinen Flirt auszulassen. Endlich jagte Papa uns nicht mehr mit seiner Spiegelreflexkamera hinterher und Mama achtete nicht darauf, dass wir jede Stunde Sonnencreme auftrugen. Ob wir nun auf Mallorca oder an der Adria waren, spielte kaum eine Rolle. Die Städte und die Kultur lernten wir auf unserer abgeschiedenen Anlage nicht kennen. Und Strände ähneln sich sowieso.

Manche von uns schulterten alternativ den Rucksack und bereisten mit ihrem Interrail-Ticket Europa. Dabei lernten wir, dass Urlaub nicht nur Spaß bedeutet, sondern auch

Strandfeeling ohne Eltern.

Budgetplanung, Zimmersuche und Rucksackschleppen. Wir bekamen einen Einblick in fremde Kulturen und genossen das Gefühl (fast) grenzenloser Freiheit. Am Ende wurden einem aus der Gruppe der Ausweis und die Geldkarte geklaut. Das machte erwachsen.

Politikinteresse – ja oder nein?

Waren wir nun rebellisch wie die 60er/70er oder angepasst? Interessierten wir uns für Politik – oder waren wir nur an Mode, Musik und Karriere interessiert? Auf jeden Fall waren wir während der Schulzeit mindestens auf vier Demos gewesen: Anti-Nazis, Anti-Atom, Anti-Krieg und den Schülerdemonstrationen gegen die Bildungsmisere. Unsere Rucksäcke waren mit „Fuck Chirac"- und Friedensbuttons gepflastert. Und einige Hartgesottene von uns waren aktiv in der SV (Schülervertretung), um für uns Hitzefrei und den Computerraum durchzuboxen. Wir begrüßten die Fusion zum „Bündnis 90/Die Grünen", achteten auf FCKW-freie Produkte und den Blauen Engel. Viele trauten sich sogar mit dem Jutebeutel in „Müsli-Läden" und überredeten ihre Eltern, mehr Ökoprodukte zu kaufen und sich vegetarisch zu ernähren. Wegen der Tiere und BSE. Und McDonald's warfen wir den Müll wieder vor die Tür. Sprich: Wir engagierten uns vor allem in Politik und Gesellschaft, wenn wir dachten, konkret etwas bewirken zu können. „Kleine Schritte" in einer möglichst hierarchiefreien Umgebung schienen uns angemessen. Die Methoden waren sanft und schmerzfrei.

Vielleicht war unser Interesse zunächst eher auf Außen- und Umweltpolitik bezogen. Aber spätestens der spannende Wahlkampf „Schröder gegen Kohl" interessierte auch uns brennend. Wir ärgerten uns, noch nicht wählen zu dürfen. Schließlich sollte es um unsere Zukunft gehen. Wir wollten mehr soziale Gerechtigkeit und die Förderung von Arbeits- und Ausbildungsplätzen für Jugendliche.

Wir waren politisch, hilfsbereit und nicht so egozentrisch, wie uns vorgeworfen wurde, doch wussten wir manchmal einfach nicht, an welcher Baustelle wir zuerst graben sollten. Wir waren pragmatischer und realistischer, und versuchten nicht mehr, die Welt neu zu erfinden. Der „Spiegel" attestierte uns Jugendlichen 1994: „Sie möchten nicht rebellisch sein, weil sie es rebellischer finden, nicht rebellisch zu sein."

Jugendkulturen der 90er

Seit den 70/80ern entwickelten sich zunehmend identitätsstiftende Jugendkulturen, die erst Subkulturen waren und dann in den 90ern zu Massenphänomenen wurden. Dazu gehören Szenen wie „Skater", „Surfer", „Yuppies" und „Popper". In den 90ern etablierten sich aber vor allem Musikszenen als Identitätslieferant:

Techno

Mit dem Credo „Love, Peace and Happiness" traf die elektronische Musik Techno Anfang der 90er den Nerv vieler. An den textarmen Rhythmen aus dem Computer berauschten sich die Szenenanhänger. Der Anfang der Techno-Musik geht schon zurück in die 80er, als Techno noch eine Untergrundbewegung war. Zu den Pionieren gehört die Band „Kraftwerk", die den Synthesizer schon früh als eigenständiges Instrument einsetzte. Techno entwickelte sich ab Ende der 80er zu einem Massenphänomen. 1989 tanzten ein paar hundert Raver bei der Loveparade in Berlin. 1999 waren es schon mehr als eine Million Techno-Fans.

Kinderlieder und Werbeslogans (Milkamann: „It's cool man!") wurden am Computer im Nu zu „One-Hit-Wondern". Die Sounds aus der Berliner Hitfabrik „Low Spirit" (Marusha, Westbam, Mark Oh, Members of Mayday) begleiteten uns ab 1994 im Alltag. Das bestverkaufte Album des Jahres 1995 war die Schlümpfe-CD „Tekkno ist cool". Aus tiefer gelegten Golfs mit Kuhfellmuster-Autositzen drang „Utz, utz, utz!" und lugte ein Insasse mit Zungenpiercing. Weitere Erkennungszeichen: Staubsauger-Atrappe auf dem Rücken, Müllmannhosen, Buffalo-Schuhe, bauchfreie Spaghettiträgertops, Schnuller um den Hals und Lutscher im Mund.

Frustriert von den „Technodeppen", entwickelten sich artverwandte Szenen wie House, Goa und Trance.

Hip-Hop

Die DJ-Kultur ist keine Erfindung von Techno, sondern Hip-Hop stellte erstmals den DJ als Musiker in den Mittelpunkt. Der Ursprung dieser Jugendkultur entstand in den afroamerikanischen Ghettos von New York City seit den 70ern. Hip-Hop kommt von der Straße und wird auch vor allem dort gelebt. Die Bestandteile dieser Subkultur sind Rap, DJing, Breakdanke und Graffiti. Es entwickelte sich ein eigener „Gangster-Kleidungsstil", der auch von der weißen Mittel- bis Oberschicht kopiert wurde: XXL-Größen, tief hängende Hosen, Schlüsselbänder und Baseballkappen. Kultstars wie Ice-T, Ice Cube oder Public Enemy standen auf Grund ihrer drastischen Texte auf dem Index. Dies brachte den Hip-Hoppern den negativen Ruf als gewaltverherrlichend und sexistisch ein, der aber dem Erfolg bei der Jugend nicht schadete. 2-Pacs

Ermordung bei einem „Drive-by-Shooting"
im September 1996 machte ihn zur
Kultfigur und prägte das gefährliche
Image der Szene. Bis die Hip-Hop-Welle
der USA auch Deutschland erreichte,
dauerte es eine Weile. Mit den Fantastischen Vier (ab 1991) etablierte sich auch
eine deutsche Hip-Hop-Kultur.

Grunge (engl. Schmuddel, Dreck)

Vor allem in der Stadt Seattle kombinier-
ten Bands Elemente des traditionellen
Rock mit Punk und Hardrock zu dem
neuen Musikstil Grunge. Der Mut zum
Schmuddeligen und Hässlichen war das
Markenzeichen der Grungebands wie
„Nirvana" oder „Soundgarden". Was als
alternative Bewegung begann, endete in
einem kommerziellen Schmuddellook,
den bald jeder problemlos kopieren
konnte: Man nehme ein Flanellhemd in
Holzfäller-Design, an den Knien zerris-
sene Levi's 501, Chuck Taylor's Leinen-
schuhe Converse, Wollmütze und lange
Haare. Prototyp und Held der Grunge-
Bewegung war Kurt Cobain. Der Song
„Smells like teen spirit" (1991) sprach
vielen Jugendlichen tief aus der Seele.
Der tragische Selbstmord Cobains am
5. April 1994 machte ihn zur unsterblichen
Kultfigur der Bewegung – und markierte
den Schlusspunkt der „Ur-Grunge-Ära".

Gothic

Melancholisch und als einsame Individu-
alisten in einer Solidargemeinschaft
präsentierten sich die Anhänger der
Gothic-Szene. Diese etwas geheimnis-
volle Kultur entwickelte sich ab Anfang
der 80er-Jahre aus dem Punk- und
New-Wave-Umfeld. Die Gothic-Szene
romantisiert einerseits längst vergangene
Zeiten wie das Mittelalter und verleiht
dem in ihrem Lebens- und Kleidungsstil
deutlich Ausdruck. Andererseits pflegt
sie durch ihren Fokus auf Ästhetik und
Individualität einen modernen Stil.
Prägend ist der androgyne Robert Smith,
Sänger der britischen Band The Cure,
mit schwarzer Kleidung, blassem
Gesicht, schwarz umrandeten Augen
und knallroten Lippen. Von außen wirken
die Vertreter der Szene weltfremd und
unnahbar, was Vorurteile wie Nähe zu
Todessehnsucht und Satanismus schafft.
Wie kaum eine andere Szene provozie-
ren die Anhänger durch ihre äußere
Erscheinung, die sehr vielfältig und mit
Liebe zum Detail sein kann. Dazu
gehören zum Beispiel viktorianische
Blässe, schwarz gefärbte Haare, gemalte
Ornamente im Gesicht, lange Ledermän-
tel, symbolischer Schmuck und klobige
Stiefel als demonstrative Abkehr von der
Gesellschaft.

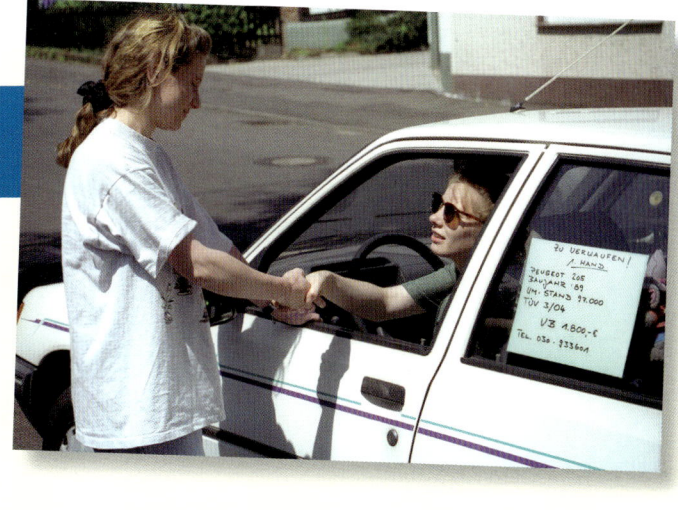

Wir werden (Auto)mobil

Das magische Datum des 18. Geburtstages rückte immer näher. Danach lockte die grenzenlose Freiheit: Wir durften wählen gehen, die Lehrer siezten uns – und der Führerschein konnte endlich abgeholt werden. Den hatten wir natürlich schon vorher gemacht. Die Theoriestunden waren amüsanter als Schule. Wir kannten alle Fahrlehrerwitze und -sprüche. Wir ahnten, wann die Fahrlehrer ihre Magnettafel einsetzen würden, um uns geduldig das Prinzip „rechts vor links" noch einmal zu erklären. So saßen bald alle Regeln und die Prüfung war ein Kinderspiel. Danach vergaßen wir die Hälfte aller Verkehrsregeln. Bei der Praxisprüfung war die Durchfallquote höher. Obwohl wir uns bei den Fahrstunden sicher fühlten und schon bei der dritten Fahrt auf die Autobahn durften, übersahen wir bei der Fahrprüfung Stoppschilder und Radfahrer. Es fehlten die Hinweise und Kommentare von rechts, wie wir sie aus der Fahrstunde kannten: „Fahr bitte rechts ran!" – „Jetzt wäre die Straße schon wieder frei!" – „Das Auto hat mehr als zwei Gänge, auch wenn ich nix sage!" – „Das Auto bremst nicht von allein!" Der Prüfer im grauen Trenchcoat kannte keine Gnade. Er ließ uns bei dem kleinsten Wackler durchrasseln. Wir waren vorgewarnt und begrüßten den Prüfer beim Einsteigen mit einem souveränen Lächeln und versuchten dies beizubehalten. Schon beim Drehen des Zündschlüssels versuchten wir so routiniert wie möglich zu wirken. Der Rest war reine Konzentrations- und Glückssache. Manchen blieben einfach das Rückwärtseinparken und die Autobahnfahrt erspart. Wir hatten nur das Pech, dass unsere Fahrerlaubnis in die Zeit der Umstellung zum Euro-Führerschein fiel. Die Zeit der rosa Lappen, die schnell unansehnlich wurden, war vorbei. Leider änderten sich gleichzeitig ein paar Regeln. Das bedeutete, dass wir nahezu dieselbe Ausbildung hatten wie alle anderen vor uns – doch wir durften dann später weniger Fahrzeugklassen fahren. Aber das mussten wir in Kauf nehmen, um endlich mit dem Auto unserer Eltern durch die Gegend zu fahren.

SoFi in Deutschland

Am 11. August 1999 erlebten wir eine totale Sonnenfinsternis über Zentraleuropa. Die wissenschaftliche Erklärung für das seltene Phänomen lautet: Da der Durchmesser der Sonne das Vierhundertfache des Durchmessers des Mondes beträgt, und der Abstand zwischen Erde und Mond an diesem Tag zufällig ein Vierhundertstel der Entfernung war, kam es an diesem Tag zu dem Naturspektakel. Die Medienberichte zu dem Ereignis überschlugen sich im Vorfeld. Die „Eclipse 99" wurde mit Spannung und auch etwas Angst erwartet. Weil sich das Millennium langsam näherte, lasen wir viel von Verschwörungs- und Weltuntergangstheorien. Auch Augenärzte meldeten sich besorgt zu Wort, um auf die Gefahren bei der Beobachtung der Sonnenfinsternis mit bloßem Auge hinzuweisen. Also kauften sich alle Sonnenfilterbrillen. Am Tag des großen Naturschauspiels war das Wetter leider nur in manchen Teilen Deutschlands gut. Nicht alle von uns konnten die Finsternis beobachten.

Das Ende naht!

Das Jahr 1999 stand ganz im Zeichen des bevorstehenden Jahrtausendwechsels. IT-Experten befürchteten einen Computer-Supergau in der Silvesternacht. Andere dachten an das Ende der Welt oder die Ankunft von Außerirdischen. Genau jetzt kam noch „SoFi" und verdunkelte für einen Moment unser Tageslicht. Mit Plastikbrillen ausgerüstet, schauten wir uns die Sonnenfinsternis an. Im Nachhinein betrachtet war der Millennium-Hype völlig überzogen, denn am 1. Januar 2000 war die Welt noch dieselbe – mit der Ausnahme, dass Handy und Internet unsere Kommunikation langsam immer mehr bestimmen sollten. Und dann waren da plötzlich noch ganz andere Sorgen: Wir mussten uns auf das Abitur vorbereiten. Dazu gehörte, den Lehrern so

Handys wurden immer unverzichtbarer.

viele Tipps und Andeutungen zu entlocken, um so wenig Stoff wie möglich pauken zu müssen. Und schließlich bedeutete Abi nicht nur Prüfungen, sondern auch Schwerstarbeit in den Abikomitees. Ein Motto für unseren Abschlussjahrgang musste gefunden, Partys mussten organisiert und der Abgang von der Schule inszeniert werden. Denn der Abiball und der letzte Schultag waren nicht mehr weit weg. Gleichzeitig standen uns schwierige Entscheidungen bevor. Es ging nicht mehr nur darum, welcher Leistungskurs gewählt werden sollte, sondern die Jungs mussten sich schon einmal überlegen, ob sie zum Bund gehen oder doch lieber verweigern sollten. Viele hofften, einfach ausgemustert zu werden. Andere sahen in der Bundeswehr ihren zukünftigen Arbeitgeber. Die Mädchen mussten sich direkt um die berufliche Zukunft sorgen und informierten sich über Studiengänge, das Freiwillige Soziale Jahr oder eine Lehre.

Leider wurden wir so auch mit den Anforderungen an uns konfrontiert: Um später auf dem Arbeitsmarkt bestehen zu können, sollten wir gute Noten, Sprachkenntnisse, Auslandsaufenthalte, Stipendien, soziales und politisches Engagement vorweisen. Uns wurde gesagt, wir müssten flexibel, ausdauernd und effizient sein. Eine Garantie auf einen Job konnte uns trotzdem niemand geben. Auf einen Schlag sollten wir erwachsen sein. Die Berufsberater machten uns Angst – und deshalb bewarben sich viele auch nach dem Abitur um eine Lehre oder gingen mit einem Lehramtsstudium auf „Nummer sicher". Andere gründeten früh eine Familie. Gewollt oder nicht. Viele zogen zu Hause aus und in eine WG oder begannen ein Großstadtsingleleben.

Eine Leserzuschrift im „Spiegel" fasst die Hindernisse zusammen: „Diese Jugend hat der ganze dicke Zeigefinger erwischt. Lebe deine Sexualität, aber denk an AIDS. Entwickle deine Begabung, aber denk an den Arbeitsmarkt. Konsumiere, aber denk an die Umwelt. Tu alles, aber denk dran." Doch nichts hielt uns auf, das Beste aus unserem Leben zu machen.

So erwachsen sahen wir plötzlich aus.